Johann Cahannes

Das Kloster Disentis

vom Ausgang des Mittelalters bis zum Tode des Abtes Christian von Castelberg

1584

Johann Cahannes

Das Kloster Disentis

vom Ausgang des Mittelalters bis zum Tode des Abtes Christian von Castelberg 1584

ISBN/EAN: 9783741110672

Hergestellt in Europa, USA, Kanada, Australien, Japan

Cover: Foto ©ninafisch / pixelio.de

Manufactured and distributed by brebook publishing software (www.brebook.com)

Johann Cahannes

Das Kloster Disentis

Das Kloster Disentis

vom Ausgang des Mittelalters

bis zum Tode des

Abtes Christian von Castelberg 1584.

Dissertation
zur
Erlangung der Doctorwürde
von der philosophischen Facultät der Universität
Freiburg in der Schweiz.

Von
Johann Cahannes.

BRÜNN 1899.
Druck der Raigerner Benedictiner-Buchdruckerei.

Herrn
Nationalrath Dr. C. Decurtins
gewidmet.

Einleitung.

1. Allgemeine Orientierung.

Das Kloster Disentis, dessen anmuthige Lage G. Theobald in seinem „Bündner Oberland" trefflich schildert, ist das älteste unter den noch bestehenden Klöstern der Schweizerischen Benedictiner-Congregation. Während so manche gleichzeitige oder spätere Stiftung auf schweizerischem Boden der Missgunst der Zeiten zum Opfer gefallen, steht die Abtei an den Rheinquellen noch da, fest und unentwegt, wie die Berge die sie umgeben. Und gerade der hoffnungsvolle Aufschwung, den die letzten zwei Jahrzehnte für die Abtei bedeuten, regt in besonderer Weise den Historiker an zur Erforschung der Vergangenheit derselben.

Diese Vergangenheit ist verhältnismässig noch in tiefes Dunkel gehüllt. Was das Volk der „Cadi" in tausendjähriger Tradition über Gründung und Entwicklung der „Claustra" von Geschlecht zu Geschlecht überliefert, ist zwar ein beredtes Zeugnis seiner Liebe und Anhänglichkeit für das altehrwürdige Gotteshaus, mit dessen Geschichte seine Geschichte so eng verflochten ist, dass sogar der Name identificiert worden;[1] selbstverständlich hat aber dabei vielfach die nie rastende Volksphantasie sich der geschichtlichen Thatsachen bemächtigt und ihnen eine dichterische Ausschmückung zu Theil werden lassen. Eine wissenschaftliche Bearbeitung der Klostergeschichte oder eines Theiles derselben existiert nicht, auch nicht einzelne Monographien von Aebten, wenn wir von einem populär gehaltenen Lebensabriss des bedeutenden Christian von Castelberg (1566—84) im „Calender Romontsch", Disentis 1884, und einer kurzen Darstellung der Regierungsthätigkeit Jakob Bundi's (1593—1614) durch C. Decurtins in der Einleitung zu dessen Chronik („Monat Rosen" des Schweiz. Studentenvereins, Jahrg. 31 (1887) p. 291 ff.) und Paul Birker's (1861—77) durch Prof. Diebolder im Allgäuer Geschichtsfreund V, 112—114, absehen.

---

[1] Cadi, das nichts anderes als Gotteshaus bedeutet, heisst heute noch in der rätoromanischen Landessprache der Kreis Disentis, die Gemeinden Tavetsch, Medels, Disentis, Somvix, Truns, Drigels und Schlans umfassend. — Nicht zu verwechseln damit ist der Gotteshausbund, der wegen des in ihm gelegenen Hochstiftes Chur vielfach auch la Cadi oder Cadè genannt wurde. — Für Fernerstehende sei noch bemerkt, dass das »Bündner Oberland« im weiteren Sinne des Wortes, das ganze Gebiet des Rheines von Chur bis zu dessen Quellen umfasst, im engeren Sinne jedoch nur den Theil ob dem Flimserwald, in der Landessprache Surselva genannt. Das »obere Oberland« fällt ungefähr zusammen mit der Cadi, d. h. dem Kreis Disentis.

Einen gedrängten Abriss der Klostergeschichte vom 15. bis zum 17. Jahrhundert hat Decurtins in seine Schrift über Landrichter Maissen („Monat-Rosen" Jahrg. 21 (1877) 345—375 und 409—441) eingeflochten. Vom gleichen Autor besitzen wir eine Biographie des gelehrten und als Alpenforscher gefeierten P. Placidus a Spescha († 1833), Chur 1874, über welchen auch Theobald's „Bündner Oberland" (p. 102—110) und die „Studien und Mittheilungen aus dem Benedictiner- und dem Cistercienser-Orden" (Jahrg. 1886, p. 137—157 und 361—368) von P. Martin Gander) wertvolle biographische Notizen enthalten. Die Schicksale des Klosters zur Zeit der französischen Invasion 1799, schildert Decurtins in seinem „Krieg der Oberländer gegen die Franzosen" (Engadiner Fremdenblatt 1875, Nr. 1—4; neue erweiterte, rätoromanische Ausgabe im Ischi, Organ della Societat de Students romontschs, III Annada, 1899). — Der Vollständigkeit wegen seien noch erwähnt: der Artikel „Disentis" in Wetzer und Welte, Kirchenlexikon, Bd. 3. von G. Mayer, „Geschichtliches über Disentis" im eben citierten Werke Theobalds p. 86—102, und ein „historischer Bericht über das Kloster Disentis in Rätien" im Pilger Bd. VII. (Einsiedeln 1848) p. 278—280. Letzterer kann jedoch keinen wissenschaftlichen Wert beanspruchen, ist vielmehr eine in panegyrischem Ton gehaltene Empfehlung des am 28. October 1846 durch Brandunglück schwer heimgesuchten Stiftes. Damit ist die aus neuerer Zeit stammende, darstellende historische Literatur über Disentis erschöpft. Was endlich die Bearbeitungen der Bündner Geschichte betrifft, so kommen diese als Hilfsmittel für die Geschichte des Klosters im Mittelalter noch einigermassen,[1]) für die neuere Zeit nur wenig in Betracht, da sie, weil fast ausschliesslich auf den rätischen Chronisten beruhend, gleich diesen das Oberland unverhältnismässig schwach berücksichtigen.

Für den Verfasser dieser Blätter war also die in unseren Tagen in Bezug auf gewisse Perioden immer drohender werdende Gefahr nicht vorhanden, unter der Unmasse von Literatur erdrückt zu werden, bevor man eigentlich recht an das Thema herantreten darf. Andererseits verkannte Verfasser nicht die Schwierigkeiten, die eben aus dem grösseren Mangel an Vorarbeiten sich zu ergeben pflegen.

Die Disentiser Klostergeschichte ist einer Darstellung wert; bildet sie ja einen hervorragenden Theil der rätischen Geschichte,

---

[1]) Ich denke da insbesondere an Planta, Currätische Herrschaften in der Feudalzeit, Bern 1881; Wagner, Rechtsquellen des grauen Bundes, in: Zeitschrift für Schweiz. Recht, XXV (1884) S. 221—401 (auch separat); W. Plattner, Die Entstehung des Freistaates der drei Bünde, Davos 1895.

und gab es doch Perioden, wo Disentis der Schlüssel zu einem vielbenutzten Alpenübergang, allgemeinere Bedeutung besass. Wenn dieser Theil der rätischen Geschichte noch keinen Bearbeiter gefunden, so ist, abgesehen davon, dass Disentis und das Bündner Oberland überhaupt infolge seiner eigenartigen Verhältnisse, Gewohnheiten, Sprache, u. s. w. fremden Forschern weniger zugänglich ist, der Hauptgrund dafür in dem Umstand zu suchen, dass das Material zur Klostergeschichte nicht sehr reichhaltig ist, und zudem soweit herum zerstreut liegt, dass die Sammlung desselben mit bedeutenden Schwierigkeiten verbunden ist. Das wird begreiflich klingen, wenn man bedenkt, dass die reichste Quelle Disentiser Geschichte nicht mehr fliesst, indem das Klosterarchiv, welches schon durch die Brände von 1387 und 1514 grosse Verluste erlitten, am 6. Mai 1799 bei der Einäscherung durch die Franzosen gänzlich zu Grunde gegangen. Wie mancher andere, musste auch Verfasser dieses die unangenehme Erfahrung machen, dass oft ganz geringfügige Dinge, wie unbedeutende Kauf- und Tauschverträge durch Brief und Siegel documentiert sind, während die wichtigeren Ereignisse im Dunkel bleiben. Es soll hier übrigens noch bemerkt sein, dass das Material zur Klostergeschichte seit der zweiten Hälfte des 16. Jahrhunderts etwas reichlicher zu fliessen beginnt, besonders nachdem zu Beginn des 17. die Schweiz. Benedictiner-Congregation ins Leben getreten war.

Vorliegende, einer abgegrenzten Periode gewidmete Arbeit hat nun keine andere Bestimmung als die, einen bescheidenen vorbereitenden Beitrag zur Disentiser Klostergeschichte zu liefern. Wenn auch, wie zu erwarten, die Forschung noch manches neue Document zu Tage fördern wird, kann ich dennoch die Hoffnung hegen, an Hand eines ansehnlichen, bisher entweder gar nicht oder nur in engeren Kreisen bekannten Quellenmaterials, ein Bild der Schicksale des Klosters im 16. Jahrhundert geben zu können, das nicht unvollständig und auch für weitere Kreise von Interesse sein dürfte. Insbesondere zur Geschichte der Schweiz. Gegenreformation, die noch so sehr der Aufhellung bedarf, und gemeiniglich in den darstellenden Werken über Schweizer- und Bündnergeschichte bisher eine allzu stiefmütterliche Behandlung erfahren hat, liefert Disentis einen schätzenswerten Beitrag.

Ueber Auffassung und Anlage der Arbeit kurz Folgendes. Da die Geschichte des Klosters mit der Geschichte des Hochgerichtes Disentis,[1] des Oberlandes und des Bisthums Chur eng

---

[1] Zum besseren Verständnis mögen hier ein paar Bemerkungen über die politische Organisation Rätiens folgen. Die drei Bünde, welche die rätische Republik constituierten, waren in Hochgerichte und Gerichte (communitas, ratorom. cumin, alte politische Gemeinde, Gerichtsgemeinde) ein-

verflochten ist, war es nothwendig, auch letztere vielfach in die Darstellung hereinzuziehen. Die eine oder andere Bemerkung mehr untergeordneter Bedeutung möge vom localpatriotischen Standpunkte aus, den der Verfasser auch nicht ganz verleugnen zu dürfen glaubte, milde beurtheilt werden; dies umsomehr, da er anderseits bes'rebt war, die Schicksale der Abtei nicht bloss chronikartig aufzuzählen, sondern sie sowohl unter einander, als mit den gleichzeitigen politischen und kirchlichen Vorgängen der rätischen, schweizerischen und allgemeinen Geschichte in Zusammenhang zu bringen.

Von einer Zugabe von urkundlichen Beilagen sah ich ab, da eine Gesammtpublication der Disontiser Geschichtsquellen nicht mehr lange auf sich warten lassen dürfte. Dagegen erachtete ich es für unerlässlich, der Abhandlung einige Worte über die Quellen zur Klostergeschichte vorauszuschicken, da dieselben, weil grösstentheils handschriftlicher Natur, in weiteren Kreisen wenig oder gar nicht bekannt sind. Der Vollständigkeit und Uebersichtlichkeit wegen schien es angezeigt, auch jene anzuführen, welche in keiner directen Beziehung zur vorliegenden Abhandlung stehen, sondern eine frühere oder spätere Zeit betreffen. Dabei war es jedoch meine Absicht nicht, eine erschöpfende kritische Untersuchung sondern vielmehr eine schnell orientierende Uebersicht und kurze Charakteristik der Quellen zu bieten, indem gleichzeitig der Gang der historiographischen Thätigkeit im Kloster und das Schicksal der Schriften verfolgt wird.

2. Die Quellen zur Geschichte des Klosters Disentis.

Spuren von annalistischen Aufzeichnungen im Kloster Disentis lassen sich bis in die ersten Zeiten der Stiftung zurückverfolgen. Diese Aufzeichnungen, durch das Mittelalter fortgesetzt,

---

getheilt. Der graue Bund zählte 8 Hoch- und 31 Gerichte (später mehrfach zusammengezogen). Die Hochgerichte hatten seit der Auflösung des Feudalwesens ihre ursprüngliche Bedeutung verloren, und die Gerichtsgemeinde wurde die wichtigste politische Einheit des Freistaates. Das Hochgericht und die Gerichtsgemeinde Disentis (in Cadi) fielen territorial zusammen (gleichwie heute der Kreis Disentis und der Bezirk Vorderrhein); daher blieb betreffs Disentis der Name Hochgericht auch zur Bezeichnung der Gerichtsgemeinde, die begrifflich von ersterem zu unterscheiden ist, in Uebung. — Die Gerichtsgemeinden bestanden in der Regel abermals aus mehreren Nachbarschaften, rätorom. vischnauncas (ökonomische Einheit). Aus den Gerichtsgemeinden gingen bei der Eintheilung von 1851 die neuen Gerichtskreise, aus den Nachbarschaften die neuen politischen Gemeinden hervor. S. Ausführlicheres bei Muoth, Annalas della Societad Rhaeto-romanscha, Annada 1. pg. 139 ff. und Bündner. Monatsblatt 1897.

bildeten den Codex membranaceus pervetustus, den
Campell¹) und Eichhorn²) erwähnen. Als im Jahre 1536 Abt
Winkler und drei Conventualen Kloster und angestammten Glauben
verliessen, nahmen sie denselben nebst anderen wertvollen Schrift-
stücken aus dem Archiv mit. Durch Andreas Schmid, einen der
übergetretenen Mönche und nachmaligen Pastor zu Davos, gelangte
der Codex an letztgenannten Ort, wo Campell ihn für sein historisches
Werk zu Rathe zog. Wenn nun auch der „Vater der bündnerischen
Geschichte" davon keinen ausgiebigen Gebrauch gemacht zu haben
scheint, so erhalten wir doch durch ihn über Umfang und Be-
schaffenheit jener Annalen etwelchen Aufschluss. Die Anfänge
derselben mögen in den kurzen Angaben über den Einfall der
Avaren im 7. Jahrhundert und die Gründung des Schlosses
Hohentrins, angeblich aus der Zeit des Königs Pipin, liegen, der
Abschluss in der volksthümlich ausgeschmückten Erzählung der
Gefangennahme des letzten Freiherrn von Rätzüns, 1450. Wir
dürfen indes diese Aufzeichnungen nicht nach Art einer zusammenhängenden chronikalischen Darstellung uns denken, es
waren allem Anscheine nach vielmehr zerstreute Nachrichten von
localen Begebenheiten, die manchmal auch mit der allgemeinen
Geschichte in Zusammenhang standen. So mögen hiebei die Züge
der deutschen Herrscher über den Lukmanier Erwähnung gefunden
haben. Als besonderen Theil des Pergamentcodex führt Campell
ein Wappenbüchlein des rätischen Adels, libellus insignium
nobilitatis Raeticae, an, welchem er auch genealogische
und historische Notizen entnehmen konnte.³)

Ein halbes Jahrhundert nach Campell, 1635, fand der
Disentiser Abt Augustin Stöcklin den Codex bei Georg Saluz,
Pastor in Chur, von dem er mit Mühe die Bewilligung erhielt,
ihn kurz zu excerpiren. Seit dieser Zeit ist die Schrift vers-hollen.
Die Bemühungen Eichhorns im Jahre 1787 haben keine Spur
mehr davon entdecken können.⁴)

Die älteste Chronik des Klosters ist, s viel sich jetzt
ersehen lässt, die des Abtes Jakob Bundi (1593 - 1614) herausgegeben und mit Einleitung und Beilagen versehen von C. Decurtins
in den Monat-Rosen des Schweiz. Studenten-Vereins. Jahrg. 31,
(1887) p. 291—309 und 347—360 und (die Beilagen) Jahrgang 32,
(1888) p. 541—582 (citiert: Bundi). Sie ist knapp angelegt. Nach

---

¹) Raetiae alpestris topographica descriptio in: Quellen zur Schweizer-Ge-
schichte VII. p. 17 und 25.
²) Episcopatus Curiensis, p. 250.
³) Siehe Campell, Historia Raetica, in: Quellen zur Schweizer Geschichte
IX, Einl. p. 30, dazu Anm. 62.
⁴) Episc. Cur. l. c.

einer auf dem Churer Brevier von 1595 und der Klostertradition beruhenden Wiedergabe der Legende des hl. Sigisbert und Placidus werden bis zum Anfang des 15. Jahrhunderts die Aebte vielfach mit blossen Namen und einer beigegebenen Jahreszahl angeführt; zudem ist die Aufzählung lückenhaft und die chronologische Reihenfolge nicht eingehalten. Von Abt Peter von Pontaningen au (1401—38) ist letztere richtig, und Bundi berichtet uns, allerdings in schwerfälliger Sprache, manche interessante Notiz, besonders über die Bauthätigkeit der Aebte und die daraus erwachsenden Kosten.

Ob und in welchem Umfange zur Zeit Bundis ältere chronikalische Aufzeichnungen im Kloster vorhanden gewesen sein mögen, lässt sich kaum mehr ermitteln. Bei Abfassung der Chronik wird er ausser den Urkunden wohl hauptsächlich die auch von den späteren Chronisten oftmals citierten alten Jahrzeitbücher und Nekrologien benutzt haben.

Bundis Chronik ist als der erste bescheidene Versuch einer Disentiser Geschichte aufzufassen. Sie fand einen Fortsetzer, wahrscheinlich in Benedict Gessler, Conventual zu Disentis, welcher die Aufzeichnungen bis auf Sebastian von Castelberg (1614—34) weiterführte, und zur früheren Geschichte einige Nachträge lieferte. Die Handschrift, welche Haller vorlag,[1] damals in Rheinau, jetzt in Einsiedeln, enthält vom gleichen Autor noch weitere Zusätze über die Regierungen von Stöklin (1634—41) und Bridler (1642—55), insbesondere eine 1634 verfasste, weitläufige Verfechtung der Rechte der Abtei gegenüber dem Hochgericht Disentis, und eine Darlegung der um die Mitte des 17. Jahrhunderts auftretenden Streitigkeiten mit dem Bisthum. Diese Zusätze finden sich in der Ausgabe von Decurtins nicht, da sie in der, jener Ausgabe zu Grunde liegenden älteren Pfäferser Handschrift (jetzt im Stiftsarchiv St. Gallen) fehlen. Die Fortsetzung weicht im Ton von Bundi durchaus ab. Während dieser mit ängstlicher Vorsicht jede Bemerkung meidet, die an die Uebergriffe des Hochgerichtes in das Rechtsgebiet der Abtei erinnern könnte, ist jene ganz und gar vom Geiste beeinflusst, der den folgenden Chronisten charakterisiert.[2]

In ziemlich umfassender Weise beschäftigte sich mit der

---

[1] Bibl. der Schweizer Geschichte, III. Nr. 1272. Dies ist die einzige Schrift über Disentis, welche bei Haller erwähnt wird. Der Bd. II. Nr. 2117 genannte »Libellus insignium Nobilitatis Raeticae«, Ms. auf Pergament in der Abtei Disentis, ist offenbar identisch mit dem oben, S. 5, erwähnten Wappenbüchlein des rätischen Adels. Da dieses in dem 1536 aus Disentis entwendeten Pergamentcodex enthalten war, konnte es zu Ende des letzten Jahrhunderts, d. h. zur Zeit Hallers in Disentis nicht vorliegen, es sei denn ein zweites Exemplar.

[2] Im übrigen sei auf die Einleitung von C. Decurtins l. c. p. 291—309 hingewiesen.

Vergangenheit des Gotteshauses Augustin Stöcklin, Conventual von Muri, dann Decan und Administrator zu Pfäfers, und 1634—41 Abt zu Disentis, eine in jeder Beziehung interessante Persönlichkeit. Gleich ausgezeichnet als Mönch und Verwalter, denn als Gelehrter, unternahm er auf Grund der Bundischen Chronik und der im Archiv befindlichen Documente und Schriften eine kurze, annalenartige Zusammenstellung der Klostergeschichte: die **Brevis Chronologia Monasterii Disertinensis** (citiert: Brevis Chron. nach der Disentiser Abschrift.) Sie ist nicht ohne eine bestimmte Tendenz geschrieben, die aus dem ganzen Ton der Darstellung sich unschwer erkennen lässt. Offenbar wollte der gelehrte Mureuser Pater den geschichtlichen Nachweis führen, dass Disentis immer ein immunes und unmittelbares Stift gewesen, somit weder dem Bischof von Chur noch dem Hochgerichte Disentis in irgend einer Weise unterworfen sei. Daher hebt er einerseits die kaiserlichen Freiheitsdiplome, andererseits die vielen Uebereinkommen, wodurch das Hochgericht dem Stifte eine Concession nach der anderen abgerungen, besonders hervor. Die Tendenz zeigt sich vor allem in der ziemlich einseitigen Behandlung, die der Chronist den von den Laien eingesetzten Aebten aus dem 16. und dem Anfang des 17. Jahrhunderts zu Theil werden lässt.

Als eine Ueberarbeitung der „Brevis Chronologia" zu kurzgefassten Biographien einzelner Aebte muss des gleichen Autors **Breve Chronologium quorumdam Abbatum Monasterii Disertinensis**[1]) (citiert: Breve Chron. nach der Disentiser Abschrift) bezeichnet werden. Hier bemerken wir die gleiche Tendenz. Um uns davon zu überzeugen, genügt eine nur flüchtige Vergleichung der Notizen über Christian von Castelberg (1566—84), der doch zeitlich dem Chronisten nicht ferne stand, mit der historischen Rolle, die dieser Mann gespielt hat.

Beide vorerwähnte Schriften Stöcklins befinden sich im Original im Stiftsarchiv Muri-Gries; Copien davon besitzt das Stiftsarchiv Disentis und Herr Nat.-Rath Dr. Decurtins in Trans. Verschiedene kleinere, die Disentiser Geschichte betreffende Aufzeichnungen Stöcklins, z. B. der **Syllabus Abbatum Monasterii Disertinensis**, und eine Aufzählung der **Documenta a Disertinensi communitate Monasterio illata** mögen hier bloss genannt sein. Einiges, was Stöcklin über Disentis geschrieben hat, ist verloren gegangen; Citate daraus enthalten die späteren Chronisten.[2])

Wenn nun auch Stöcklin, wie aus dem Angeführten hervor-

---
[1]) Bei v. Müllnen, Prodromus einer Schweiz. Historiographie, p. 153, unter dem Titel: ›Catalogus Monasterii Disertinensis‹ angeführt.
[2]) Siehe z. B. Synopsis, p. 123 ff.; Van der Meer, Chronicon p. 95; Eichhorn, Episc. Cur. p. 249. Ueber diese vgl. unten.

geht, in manchem Punkte nicht massgebend sein kann und
insbesondere hinsichtlich der Daten oft ungenau ist, so sind wir
ihm doch sehr dankbar dafür, dass er, ungeachtet der schwierigen
Verhältnisse seiner Regierungsperiode, noch Lust und Zeit zu
historiographischer Thätigkeit fand.

Die nächste Bearbeitung der Klostergeschichte ist die des
Abtes Adalbert II. a Medel-Castelberg (1655—96). Dieser
war ein hochgebildeter Mann. Er ist der erste, welcher den auf
Verwenden der katholischen Orte im Collegium de propaganda
fide zu Rom für Disentis ausgewirkten Freiplatz bezog (1650).[1])
Daselbst erwarb er sich den Grad eines Doctors der Theologie
auf Grund einer Dissertation „De Deo uno et trino," die mit der
Widmung an den Cardinal Barberini zu Rom im Drucke erschien.[2])
Mit 27 Jahren zur Abtswürde erhoben, führte er während einer
vierzigjährigen Regierung das Kloster zu neuer Blüte. Daneben
war er vielfach historiographisch thätig. Mit Benützung der Vorarbeiten schrieb er das Leben der Aebte seit der Gründung des
Klosters. Dieser „Catalogus Abbatum" ging leider beim
Brande von 1799 verloren. Aus den in die späteren Bearbeitungen
übergegangenen Bruchstücken lässt sich indes hinlänglich die
vermittelnde Stellung ersehen, die der Autor einnimmt zwischen
der einseitigen Darstellung Stöcklius und der Auffassung der
Klostergeschichte, wie sie in der Tradition des Klosters und des
Oberlandes fortlebte. Auf a Medel-Castelberg fussen auch wesentlich
die Biographien der Aebte, wie sie uns heute in der Synopsis, in
Eichhorn und Van der Meer vorliegen. Denn direct oder mittelbar
durch die gleich zu besprechenden Annales Disertinenses haben
diese aus jenem geschöpft.

Die Annales Monasterii Disertinensis, VII volu-
minibus comprehensi, in quibus non solum accurata ejusdem
Monasterii Abbatum Series et Acta, quae hactenus inveniri potu-
erunt, verum et pleraque alia, quae in Raetia quondam evenere
memoria digna, continentur, ac suis quaeque temporibus dilucide
explicantur, haben zum Verfasser den gelehrten Abt Adalbert III.
Defuns (1696—1716), der, von Mabillon beeinflusst,[3]) auf Grund
der vorhandenen Bearbeitungen und der im Klosterarchive befindlichen Documente, mit emsigem Fleisse die historischen Tha'sachen
zusammentrug. Im breiten, behaglichen Stil seiner Zeit erzählt er in 7
Bänden die Geschichte des Klosters von Anfang an bis auf seine Tage.

---

[1]) Staatsarchiv Luzern, Bündner Acten, Fasc. 13.

[2]) Nota manuscriptorum seu Typis editorum, quae ab Abbatibus et Monachis
Monasterii Desertinensis posteritati relicta sunt, publiciert von C. Decurtins in:
Monat-Rosen des Schweiz. Studenten Vereins, 26. Jahrgang (1882) p. 404. Das
Verzeichnis ist nicht vollständig.

[3]) Siehe Annales Benedictini, I, 283.

Die Annalen wurden, mit Ausnahme der die Beziehungen zwischen Disentis und Urseren betreffenden Abschnitte, wovon im letzten Jahrhundert eine nun im Kirchenarchiv Andermatt aufbewahrte Abschrift angefertigt worden,[1]) an dem unglückseligen 6. Mai 1799 ein Raub der Flammen. Was an ihnen aber das wertvollste war, die Daten und thatsächlichen Angaben, blieben uns erhalten in der ziemlich umfangreichen Synopsis Annalium Monasterii Disertinensis, (citiert: Syn., nach dem Disentiser Exemplar). Diese entging der Katastrophe von 1799, weil schon vorher in mehreren Exemplaren ausserhalb des Klosters verbreitet. Das schönste davon besitzt nun die Bibliothèque nationale in Paris[2]), ein anderes das Kloster Disentis,[3]) ein drittes unvollständiges — bis 1571 reichend — das bischöfliche Archiv in Chur.

Der Standpunkt der Synopsis ist derjenige a Medel-Castelbergs. Mit Sorgfalt sucht sie, die Urtheile Stöcklins mildernd, auch den von den Laien eingesetzten Aebten des 16. Jahrhunderts gerecht zu werden. Schärfer wird der Annalist, wenn er die seiner Zeit noch so naheliegenden Kämpfe mit dem Bischof und dem Hochgericht aus der Mitte des 17. Jahrhunderts bespricht. Dagegen übergeht er die früheren vom Hochgericht dem Stifte aufgedrungenen Conventionen von 1472, 1477 und 1517. Stöcklin hebt gerade diese besonders hervor, und so ergänzen sich beide Quellen in sehr erwünschter Weise.

Seit den zwanziger Jahren des 17. Jahrhunderts wird die Synopsis ausführlicher. Der Chronist stützt sich hiebei auf unmittelbare mündliche Tradition und auf Selbsterlebtes. Dies ist am deutlichsten zu ersehen aus der detaillierten Art, wie der Tod des Abtes a Medel Castelberg und des P. Maurus Cathrin (1696) erzählt wird. Der Name des Verfassers wird nirgends genannt. Wahrscheinlich ist es der Verfasser der Annalen, der auch den „Abriss" davon besorgte. Die Abfassung fällt in die Zeit zwischen 1705 — mit welchem Jahr die Chronik abschliesst — und 1709.[4])

---

[1]) Eine aus neuerer Zeit stammende Abschrift besitzt das Kloster Disentis.

[2]) Edouard Rott, Inventaire sommaire des documents relatifs à l'histoire de Suisse conservés dans les archives et bibliothèques de Paris, II. 640.

[3]) Ich betone dies besonders, weil Sickel im Jahre 1876 im Kloster kein Exemplar der Synopsis vorfand (Ueber Kaiserurkunden in der Schweiz p. 49), eine Bemerkung, die auch in Hidbers II. Band des Schweiz. Urkunden-Registers (Einl. S. X.) Aufnahme gefunden hat, während dieser letztere im Vorwort von 1865 zum I. Bd. (S. XVI. Anm. 1) das Vorhandensein eines Exemplars im Kloster Disentis erwähnt.

[4]) Das Datum 1700 trägt das Pariser Exemplar. Das Disentiser Exemplar ist, wie eine am Schluss angebrachte Notiz zeigt, eine im Jahr 1712 durch den Conventualen Purpurinus Schmidt von Grüneck angefertigte Abschrift. Ich glaube nämlich das Wort »describere« mit »abschreiben« übersetzen zu müssen. Ob das

Aus der Zeit des nämlichen Adalbert Defuns stammt eine rätoromanische Bearbeitung der Klostergeschichte: **Cuorta Memoria della successiun ne diember dils avats sco dellas caussas las pli remarcablas, ch'en succedidas da temps en temps cun la claustra de Muster, ne faitg midadas enten nossa tiara,** herausgegeben von C. Decurtins im Archivio glottologico italiano VII. Bd. p. 197—254 (citiert: Cuorta Mem.). Die Abfassung der Cuorta Memoria dürfte ins zweite Jahrzehnt des 18. Jahrhunderts fallen. Sie darf nicht früher angesetzt werden, da die Schrift sich wesentlich auf die Synopsis stützt. Bis zum 15. Jahrhundert ist sie, wie jene, ziemlich kurz gefasst; von da an wird sie einlässlicher, und repräsentiert stellenweise eine wortgetreue Uebersetzung der Synopsis, wobei hin und wieder eine neue Bemerkung gewöhnlich moralisierender Natur einfliesst, dagegen Notizen administrativen Charakters mit Vorliebe übergangen werden. Sie schliesst in ihrer zusammenhängenden Darstellung mit dem Jahre 1658 ab, also ein halbes Jahrhundert früher als die Synopsis, enthält aber auch noch Andeutungen über spätere Ereignisse, z. B. über das tragische Ende des Landrichters Nikolaus Maissen 1677.[1])

Der Verfasser der Cuorta Memoria ist uns nicht bekannt. Ohne Zweifel war er ein Landeskind, wahrscheinlich aus dem Hochgericht Disentis, und Conventual des Klosters. Dies beweist einerseits des Autors vollständige Beherrschung der Landessprache und geläufige Kenntnis der Disentiser Localverhältnisse, anderseits der Ton der Darstellung. Bei aller Parteinahme für das Stift gelangt überall, wo vom Hochgericht die Rede ist, eine warm patriotische Stimmung und eine wohltuende Liebe für „die tapferen und hochsinnigen Ahnen" zum Ausdruck. Ueber die Gründe zur Abfassung der Schrift können wir kaum im Zweifel sein, zumal wenn wir deren bereits angedeutete Vorliebe für erbauende und moralisierende Bemerkungen beachten. Wahrscheinlich waren hiebei die gleichen Erwägungen massgebend, welche den Abt a Medel-Castelberg bestimmten, „in gratiam Fratrum Conversorum linguam latinam vel germanicam minus intelligentium" Betrachtungen für jeden Tag des Jahres rätoromanisch abzufassen, und welche Adalbert Defuns bewogen, zu gleichem Zwecke die Regel des hl. Benedict und das römische Martyrologium,

---

Pariser Exemplar weitere Angaben enthält, welche Rott l. c., berechtigen, Purpurinus Schmidt von Grüneck als »Autor« der Schrift zu bezeichnen, konnte ich nicht ermitteln.

[1]) Ueber diesen s. Näheres bei C. Decurtins, Monat-Rosen, 21. Jahrg. (1877) p. 345 ff., u. 409 ff.

sowie für das Volk die Bücher von der Nachfolge Christi in die Volkssprache zu übertragen.¹)

Das 18. Jahrhundert hat in Disentis, trotz der nicht ganz ungetrübten Verhältnisse des Stiftes, die rührigste literarische Thätigkeit erzeugt. Seit dem Ende des 17. Jahrhunderts bestand im Kloster eine Druckerei.²) Diese diente vorzugsweise dazu, Gebet und Liederbücher in der Volkssprache zu verbreiten. Die historischen Arbeiten fanden dabei weniger Berücksichtigung, und eben aus diesem Grunde konnte es geschehen, dass sie, weil nur handschriftlich im Archive vorhanden, zum grössten Theil beim Klosterbrand von 1799 für immer verloren gingen. Von der historiographischen Thätigkeit des P. Konrad Desax († 1638), Maurus Cathrin († 1696), Karl († 1712) und Ildephons Decurtins († 1736), des Abtes Bernard Frank von Frankenberg (1745—1763) und P. Maurus Wenzin, Decan des Stiftes unter Marian von Castelberg (1724—42), blieb uns fast nichts erhalten. Vom letztgenannten besitzen wir eine in ziemlich leidenschaftlichem Ton gehaltene Vertheidigung des Stiftes gegenüber dem Hochgericht, unter dem Titel: Ina cuorta, mo fideivla Informaziun della exemptiun et immunitat della venerabla Casa de Diu etc., gedruckt 1748. Ein Wiederabdruck stammt aus neuerer Zeit. Im ersten Theil der Schrift werden die früheren Kämpfe zwischen Stift und Hochgericht seit der Zeit der Ilanzer Artikel erzählt; der zweite Theil ist eine allgemein gehaltene Apologie der geistlichen Immunität. Von demselben Autor stammt eine für die Localgeschichte recht interessante „Descriptio brevis Communitatis Disertinensis," herausgegeben von C. Decurtins in den Monat-Rosen, Jahrg. 26. (1882), p. 381-403. Ein günstiges Geschick bewahrte diese Handschrift 1799 vor dem Untergange.

Als glückliche Fügung müssen wir es bezeichnen, dass gerade in den zwei letzten Decennien des vorigen Jahrhunderts in Disentis auf historischem Gebiet ungemein eifrig gesammelt und gearbeitet wurde. Die Frucht davon ist das wertvolle Denkmal, welches der St. Blasianer Pater Ambrosius Eichhorn in seinem „Episcopatus Curiensis", Typis San-Blasianis 1797, (citiert: Eichhorn) dem Stift Disentis gesetzt hat, sowie die Bearbeitung der Klostergeschichte, die in den „Mis-

---

¹) Nota manuscriptorum etc. l. c. p. 404 f. — Vgl. auch die Einleitung von Decurtins, Arch. glott. VII 197—199.

²) Der erste bisher bekannte Disentiser Druck ist unseres Wissens ein romanisches Gebetbuch: »Scazi spiritual dell' olma fideivla, aus dem Jahre 1690. Ed. Böhmer, Verzeichnis rätoromanischer Literatur, p. 117 und 124. (Roman. Studien, Bd. 4.). — Darnach ist A. v. Sprecher, Gesch. der Rep. der drei Bünde im 18. Jahrh., II. 505, zu berichtigen.

cellanea des gelehrten Secretärs der schweizerischen Benedictiner
Congregation P. Moriz Hohenbaum van der Meer († 1795)
uns vorliegt. Das Chronicon Disertinense bildet den 7.
Band dieser Sammlung. Im Besitze derselben ist jetzt das Stift
Einsiedeln; eine Copie des Chronicon Disertinense befindet sich
in Disentis (citiert: Van der Meer, nach der Disentiser Abschrift).

Einen Hauptantheil an den zwei letztgenannten Werken
haben der Disentiser Archivar P. Augustin a Porta, und der
zum Zwecke der Aushilfe aus Rheinau postulierte Decan P.
Fintan Birchler. Die Mittheilungen des ersteren förderten
wesentlich die Arbeit Eichhorns, der, wie es scheint, nur kurze
Zeit in Disentis sich aufhielt (1787). Die Bearbeitung in der Van
der Meer'schen Sammlung stammt sozusagen ganz aus der Feder
a Portas und Birchlers; Van der Meer unterzog sie bloss einer
genauen Durchsicht.¹) Wir wissen das aus der interessanten
Correspondenz zwischen Disentis und Van der Meer in Rheinau
während der Jahre 1785 und 1786, welche uns glücklicherweise
noch erhalten ist.²) Diese bekundet uns zugleich den Eifer, mit
welchem vor allem Augustin a Porta die Vergangenheit seines
Klosters durchforschte, um eine auf umfassender Grundlage beruhende Geschichte desselben schreiben zu können.³) Auch die
legendarischen Erzählungen aus der ersten Zeit der Stiftung ent-
gingen hiebei nicht der kritischen Untersuchung

Der Fleiss des Bearbeiters ist denn auch im Chronicon
Disertinense nicht zu verkennen. Dieses führt uns, bedeutend
ausführlicher als Eichhorn, nicht ohne einen gewissen pragmatischen
Zusammenhang die Geschichte des Stiftes bis 1614 vor. Von da
an bis 1786 ist es nur ganz kurz gefasst. Der Verfasser kennt
genau die einschlägige rätische und auswärtige Literatur und
bringt hin und wieder Berichtigungen an. Seine kritische Auffassung offenbart sich auch darin, dass er mit Vorliebe die
Geschichte des Archivs, bezw. das Schicksal der Quellen verfolgt.
Einen besonderen Wert verleihen der Schrift die zahlreichen ein-
gestreuten Auszüge aus Urkunden, welche zu Eichhorns Codex
probationum⁴) eine willkommene Ergänzung bilden.

Im Verzeichnis der Schriften Van der Meers, welches
G. Mayer im Freiburger Diöc. Archiv, 11. Band (1877), p. 14 ff.

---

¹) Beim Citieren des »Chronicon« glaubte ich nichtsdestoweniger den
bekannteren Namen desjenigen beibehalten zu sollen, in dessen Sammlung es
Aufnahme gefunden hat.

²) Originalschreiben im Stift Einsiedeln, Copien in Disentis.

³) R. P. Augustinus archivarius noster magnum rei diplomaticae desiderium
prae se fert, et quantum in tanta rerum penuria licet, in disquirenda historia
domestica multum desudat. Aus einem Schreiben Birchlers an Van der Meer
vom 23. Juli 1785.

⁴) Anhang zum Episcopatus Curiensis.

veröffentlicht hat, figurieren als Nr. 40, 44, 45 und 46 vier weitere Stücke, welche Disentis betreffen, nämlich: 1. **Monumenta quaedam pro historia monasterii Desertinensis et Rhenaugiensis, episcopatus Sedunensis et congregationis Helveticae**. 2. **Animadversiones in historiam monasterii Desertinensis**. Extractus ex actis congregationis Helveticae de monasterio Desertinensi. Continuatio historiae abbatum monasterii Desertinensis ab anno 1614 usque 1786. 3. **Revolutiones Desertinenses**, ex quibus demonstratur, quantos labores et impensas rev. congregatio Helvetica in conservando monasterio Desertinensi impenserit, 1788. 4. **Recensio ad disquisitionem**, an S. Placidus Desertinensis fuerit cephalophorus, 1786.

Ich konnte den jetzigen Verbleib dieser Schriften nicht ermitteln. Auf der Cantonsbibliothek und dem Staatsarchiv Zürich, sowie im Stifte Einsiedeln erhielt ich auf meine Anfragen negative Antwort. Es scheint, dass manche Stücke, die in diesem von Ildephons Fuchs herrührenden Verzeichnis figurieren, seitdem abhanden gekommen sind.[1])

Die viel genannten rätischen Chronisten des 16. und 17. Jahrhunderts, Campell, Guler, Sprecher, Juvalta u. s. w. haben Disentis und überhaupt dem Oberlande keine liebevolle Aufmerksamkeit geschenkt. Keiner von ihnen entstammte der Surselva, und zudem mochte dieser katholisch gebliebene Landestheil in jener Zeit, wo der religiöse Gegensatz so ausgeprägt war, die protestantischen Geschichtschreiber weniger interessieren. Guler hat uns in seiner Raetia eine alte Abbildung des Klosters übermittelt.[2])

Während die Chroniken der Abtei verhältnismässig jungen Datums sind, gehen die **Urkunden** sehr weit, bis in die Zeit der Karolinger zurück. Davon haben sich jedoch nur ganz wenige Originale bis ins 18. Jahrhundert herübergerettet. Die meisten derselben gingen 1387 verloren. Andere sind 1536 und später abhanden gekommen. Das Testament Tellos (766) behauptet Mabillon noch im Original vor sich gehabt zu haben.[3])

Das wertvollste Stück des Klosterarchivs am Ende des letzten Jahrhunderts war unstreitig das umfangreiche **Copialbuch**, welches Abt Johann IV. Zanus nach dem ersten grossen Klosterbrande 1399 durch seinen und der Landschaft notarius

---

[1]) Ueber Van der Meer »den Schweizerischen Mabillon,« wie Zurlauben ihn nennt (Zapf, Reisen [1786] p. 159), vgl. Meyer von Knonau in der Allg. Deutschen Biographie, Bd. 12, und die daselbst angegebene Literatur; ausserdem August Erb, das Kloster Rheinau und die helvet. Revolution, (1895) p. 14 ff. (mit Bild). Eine genügende Biographie des bedeutenden Mannes existiert nicht.
[2]) Guler von Weineck, Raetia (1616) p. 72.
[3]) Annales Benedictini II, 195 f.

publicus Johann von Waleschingen aus Schaffhausen anfertigen
liess. Erhalten blieb uns ein kleiner Theil davon in der Urkundensammlung, welche P. Ildephons Fuchs, Van der Meer's
Schüler, auf Grund jenes Copialbuches in Disentis zusammenstellte. In den vierziger Jahren wurde diese Sammlung vom
Stadtarchiv Luzern aus Theodor von Mohr, dem verdienten
Herausgeber des Bündner Urkundenbuches, mitgetheilt; dann blieb
sie verschollen, bis Sickel auf seiner Reise durch die Schweiz
1876 dieselbe unter den Rheinauer Sachen auf der Züricher
Cantonsbibliothek wiederfand.[1] — Daselbst wird sie heute noch
aufbewahrt unten der Bezeichnung Cod. hist. 6. Veterum monu-
mentorum Collectio facta per R. R. ac solertissimum P. Ildephonsum
Fuchs 1792. Die 18 Disentis betreffenden Stücke füllen die
ersten 22 Seiten des Codex aus. Es sind päpstliche und kaiserliche
Diplome und mit Ausnahme von Nr. 8. [Bulle Honorius' (IV?)],
die fast wörtlich mit Nr. 4 übereinstimmt, sämmtlich von Theodor
von Mohr entweder vollständig oder im Auszug im Codex
Diplomaticus zur Geschichte Graubündens, Bd. I, und in den
Regesten von Disentis abgedruckt.[2] Als Nr. 1 schickt Fuchs
die gleichfalls dem Chartular von 1399 entnommene Vidimations-
erklärung des Joh. von Waleschingen voraus.[3] Nebst diesem
waren zu Ende des letzten Jahrhunderts noch andere Abschriften
von Urkunden im Klosterarchiv vorhanden. Solche haben wie
Sickel nachweist,[4] dem Mitarbeiter Eichhorns, P. Augustin a
Porta, vorgelegen.

Hohen Wert beansprucht ferner die Sammlung, welche unter
dem Namen Litterae Disertinenses des Abtes Placidus
Raimann von Einsiedeln bekannt ist (citiert: Litt. Dis.). Es
sind nahezu 100 Nummern, theils grössere Auszüge, theils kurze
Regesten von Urkunden, welche Raimann bei seiner Anwesenheit
in Disentis 1650 zusammenstellte. Sie umfassen die Zeit vom 10.
bis zum 17. Jahrhundert. Im Besitze derselben ist das Stift Einsiedeln; Copien finden sich in Disentis.

Die meisten der angeführten Schriften und Sammlungen
wurden von Th. von Mohr bei Abfassung des Codex Diplomaticus (citiert: C. D.) und der Disentiser Regesten (citiert: Reg.
v. Dis.) herangezogen. Nicht benutzt wurde dabei eine im k. k.
Haus-, Hof- und Staatsarchiv zu Wien aufbewahrte und von Pertz
im Archiv für ältere deutsche Geschichtskunde, VI, 109, sowie
von Sickel in Acta regum et imperatorum Karolincrum II, 403,

---

[1] Ueber Kaiserurkunden in der Schweiz, S. 49.
[2] Es sind Cod. Dipl. I, Nr. 55, 60, 66, 71, 91, 115, 120 u. Anm., 150, 287, 288, 289, 290; Reg. von Disentis, Nr. 189, 236 und 264.
[3] Citat daraus bei Mohr Cod. Dipl. I, 55, Anm.
[4] l. c. p. 49 und 51.

und in dem citierten Reisebericht p. 51 erwähnte Urkundensammlung: **Documenta authentica, quibus Desertinense monasterium apud Rhaetos in ducatu Mediolani proprium dominium jura, regalia etc. ac demum loco dominii per immemorabile tempus annuam pensionem 200 ducatorum auri habuisse demonstratur. Ex archivo eiusdem monasterii desumpta 1639.**[1]) Wie schon aus dem Titel hervorgeht sind es Actenstücke, die sich auf die Besitzungen des Klosters in Italien beziehen und unter Abt Augustin Stöcklin zusammengestellt worden sind. Der Verfasser der Synopsis kannte sie; aus derselben fanden 6 Auszüge in die Regesten von Disentis Aufnahme.

Wie bereits im Vorwort angedeutet, fliesst das Quellenmaterial zur Klostergeschichte seit der Mitte des 16. Jahrh. etwas reichlicher. Von da an kommen eben in mehr oder minder ausgiebiger Weise, auf jeden Fall aber ungleich mehr als früher, die Archive der übrigen Klöster der Schweiz. Benedictiner Congregation, die Archive der katholischen Orte und Mailands, so wie die bündnerischen Archive zur Verwertung. Die wichtigeren Urkunden zur Geschichte Bündens sind bereits in früherer Zeit zum Zwecke leichterer Erhaltung und Benutzung in Abschriften gesammelt worden. So entstanden die wertvollen Documentensammlungen von Deflorin, von Willi, von Marschlins, von Schmidt v. Grüneck, und andere, von denen die meisten sich in Privatarchiven befinden.

Die Katastrophe des 6. Mai 1799 kann vom Disentiser und bündnerischen Geschichtschreiber, wie vom rätoromanischen Literarhistoriker nicht genug beklagt werden. **Archiv und Bibliothek im Kloster, sowie das Archiv des Hochgerichtes, des Dorfes und der Pfarrei** gingen dabei gänzlich zu Grunde. Das Archiv des Hochgerichtes war allem Anscheine nach sehr reichhaltig. Dagegen muss hier bemerkt werden, dass die literarischen Schätze im Kloster vor dem Brande nicht so bedeutent waren, wie man gewöhnlich anzunehmen geneigt ist.[2]) Schon die Klosterbrände von 1387 und 1514, besonders ersterer,[3]) sodann die Plünderung des Klosters durch die Truppen der zwei evangelischen Bünde im Mai 1621, hatten dem Archiv unersätzliche Verluste beigebracht. Dazu kommt die Thatsache, dass im Laufe der Zeiten, besonders während der Periode der von den Laien eingesetzten Aebte, **sehr viel urkundliches Material aus dem Kloster entwendet worden ist.** Den

---

[1]) Neuestens hat das Kloster Disentis sich Copien davon verschafft.
[2]) Vgl. A. v. Sprecher, Geschichte der Republik der drei Bünde im 18. Jahrh. II, 480; Decurtins, Einl. zur Cuorta Memoria, Arch. glott. VII, 198.
[3]) Magno infortunio monasterium nostrum Desertinense una cum ecclesia, campanili, bibliotheca diversisque officinis horribili incendio hoc anno (1387) conflagravit in cineresque reductum est incredibili jactura. Campanae omnes aestu et vapore dissolutae, **libri quoque manuscripti complures ac multa**

Vorgang von 1536 haben wir bereits erwähnt. Etwas Aehnliches geschah von Seiten einiger Disentiser Rathsherren beim Tode des Abtes Bundi, 1614. So kam es, dass P. Fintan Birchler in seinem Schreiben vom 23. Juli 1785 an Van der Meer bemerken konnte: In bibliotheca pauci inveniuntur libri, iique a potiori exigui momenti, et quod caput est, neque huius utut exigui suppellectilis litterarii catalogus exstat. In archivo plurima, imo pleraque antiquiora monumenta desiderantur.

Das jetzige Klosterarchiv in Disentis umfasst nun entweder Schriftstücke — meistens sind es Copien, — die vor 1799 auswärts lagen, oder aber solche, welche die neueste Geschichte des Stiftes betreffen. Der Brand von 1846 verschonte glücklicherweise Archiv und Bibliothek. Vor allem kommt da in Betracht ein Copialbuch, welches zu Anfang dieses Jahrhunderts durch den fleissigen P. Basilius Veit angelegt worden ist. Manche darin aufgenommenen Documente stammen indes bloss aus Eichhorn. Das Copialbuch wurde bis auf die letzten Decennien fortgesetzt. Den Urkundenabschriften vorgebunden ist ein 1801 durch Landrichter Theodor von Castelberg zusammengestelltes Urbar der Klostereinkünfte, welches für die neuere Geschichte der Abtei und des oberen Oberlandes grossen Wert hat. Von diesem Theile hat der ganze Codex den für seine ursprüngliche Bestimmung unzutreffenden Namen „Urbar" erhalten, unter welcher Bezeichnung er auch von Decurtins in den Beilagen zur Bundi'schen Chronik angeführt wird.

Zum Schlusse möge hier noch einer verlorenen Sammlung von Disentiser Documenten erwähnt sein, die um die Mitte des 17. Jahrhunderts im Archiv in Zürich gelegen haben. Wie aus einer Aufzeichnung Adalberts II. — enthalten in einem Schreiben von P. Augustin a Porta an Van der Meer vom 20. November 1785 — hervorgeht, hatte Fortunat Sprecher, der Verfasser der Pallas Rhaetica, den Abt Augustin Stöcklin auf eine Anzahl von Disentiser Urkunden, „so in einer besondern Truchen zu Zürich in dem Archivo aufbehalten werden," aufmerksam gemacht. Abt Joseph Desax (1641—42) sah in der That auf seiner Durchreise durch Zürich die genannten Documente daselbst liegen. Aber weder er noch sein Nachfolger Adalbert Bridler konnten sich davon Copien verschaffen. Die Bemühungen a Portas, der in dem eben erwähnten Schreiben zu diesem Zwecke die Verwendung des einflussreichen Sekretärs der Benedictiner Congregation nachsucht, waren von keinem Erfolg begleitet. Die Actenstücke sind seit dieser Zeit verschollen; vielleicht wird ein glücklicher Fund sie wieder ans Licht befördern.

_{veterum scripturarum monumenta flammis absumpta. Synopsis, p. 55. Bei Van der Meer (Chron. p. 63.) heisst es mit Bezug auf diesen Brand: Hinc illa inopia, quae me contentum esse cogit, plurium abbatum sola ac nuda nomina cum die et anno obitus adnotasse.}

I. Capitel.

Ueberblick über die Geschichte des Klosters Disentis im Mittelalter.[1])

Die Anfänge des Klosters Disentis datieren in die Zeit der Merowinger zurück. Die Ueberlieferung nennt Columbans Schüler Sigisbert dessen Gründer, und gibt als Gründungsjahr 614 an. Durch die Vergabungen des aus vornehmem rätischen Geschlechte stammenden Placidus mit ansehnlichem Besitzthum ausgerüstet, wuchs die junge Stiftung rasch heran, eine Entwicklung, die durch den Avarenüberfall vom Jahre 670 wohl für einige Zeit aufgehalten, nicht aber vernichtet werden konnte. Denn kaum war das Kloster auf Anordnung Karl Martells und durch die Bemühungen des hl. Ursicin (Abt von Disentis [730—758] und Bischof von Chur [754—758]) grösser und schöner wieder hergestellt worden,[2]) so fand es neue hochsinnige Wohlthäter; lagen ja Vermächtnisse zu kirchlichen Zwecken ganz im Geiste der damaligen Zeit. Die Schenkungen des Grafen Guido von Lomello und Sparawaira aus Piemont (754),[3]) und insbesondere das berühmte Testament des Churer Bischofs Tello aus dem Geschlechte der Viktoriden (766)[4]) statteten auf einmal die Abtei mit grossem Grundbesitz aus, und erhoben sie zu einer der bedeutendsten feudalen Gewalten in den oberrätischen Landen. Diese Schenkungen geschahen wohl im Einverständnis mit der neuen königlichen Dynastie, die soeben den fränkischen Thron bestiegen hatte. Denn, wenn es schon im Allgemeinen in der Politik der deutschen Könige und Kaiser lag, die Klöster zu begünstigen so musste das beim Kloster Disentis in erhöhtem Grade der Fall sein. War ja dasselbe wegen seiner Lage am Fusse zweier Alpenübergänge, des Lukmaniers und der Oberalp,

---

[1]) Vgl. hierüber Planta, Currät. Herrschaften, p. 198 ff.; W. Plattner, Entstehung der 3 Bünde, p. 93 ff.

[2]) Reg. v. Dis. Nr. 8 und 9. — Ursicin hat für Disentis eine ähnliche Bedeutung, wie Othmar für St. Gallen. Er ist es wohl auch, der hier die strenge Ascese der Regel Columbans mit den praktischeren Statuten des hl. Benedict vertauschte, und die früheren einfachen Zellen zu einem eigentlichen Kloster erweiterte und verband.

[3]) Reg. v. Dis. Nr. 11. Die Schenkung wurde bestätigt durch Friedrich I. 1154 (C. D. I. Nr. 129, Eichhorn, Cod. Prob. Nr. 51) und Papst Lucius III. 1184 (C. D. I, Nr. 150).

[4]) Das in historischer, rechtlicher, culturhistorischer und sprachlicher Beziehung gleich interessante Document ist abgedruckt bei Mabillon, Annales Bened. II, 659; Eichhorn, Cod. Prob. Nr. 3; Mohr C. D. I, Nr. 9; Planta, das alte Rätien, Berlin 1872, Beil. V.

von grosser militärischer Bedeutung in Zeiten, wo die deutschen Heere so oft nach Italien ziehen mussten. Nach der Synopsis haben Karl Martell (717), Karlmann (747) und Karl der Grosse (781) auf ihren italienischen Zügen und Reisen Disentis berührt, und bei diesen Anlässen das Kloster mit neuen Vergabungen und Privilegien ausgestattet.[1])

Unter den Ottonen wuchs die Macht des Klosters immer mehr. Otto I., der das Bisthum Chur grossartig ausstattete, schenkte auch dem Stifte Disentis ausgedehnte Besitzungen am Zürichsee.[2]) Otto II. bestätigte 976 diese Schenkung sowie die *freie Abtwahl*, die urkundlich hier zum erstenmal vorkommt, thatsächlich aber schon früher bewilligt worden, wie eben aus der Bestätigungsurkunde ersichtlich.[3]) Im Jahre 993 erfolgte neuerdings die Bestätigung sämmtlicher Besitzungen und Privilegien des Klosters durch Otto III.[4]) Es kamen andere Zeiten. Nach fränkischem Rechte galten die Abteien als unmittelbares Reichsgut, und daher konnten die Könige je nach den Bedürfnissen des Reiches beliebig über dieselben verfügen.[5]) Auch die frömmsten unter den deutschen Herrschern fanden es mit ihrer kirchlichen Gesinnung durchaus vereinbar, von diesem Rechte den weitgehendsten Gebrauch zu machen, ja sie konnten es gerade deswegen am ungehindertsten thun. So verlieh Heinrich II. im Jahre 1020 das Stift Disentis sammt allem Zubehör dem Bischof von Brixen.[6]) Heinrich III. bestätigte vorerst diese Verleihung

---

[1]) Syn., p. 19, 20, 22. — Inwiefern diese Angaben beglaubigt sein mögen, mag hier dahin gestellt sein. Die weitere Notiz der Synopsis (p. 23), Karl d. G. habe 801 auf der Heimreise zum zweitenmal Disentis besucht, ist offenbar unrichtig, da der Kaiser damals die westlichen Alpen passierte. S. Sickel, Acta Karolinorum II, 103.

[2]) C. D. I, Nr. 60.

[3]) C. D. I, Nr. 66. Nach Eichhorn (Ep. Cur. 250), existierte bis zum 16. Jahrh. im Kloster ein Diplom Karls d. G., welches die freie Abtwahl gewährleistete.

[4]) C. D. I. Nr. 71.

[5]) Vgl. Schröder, Deutsche Rechtsgeschichte, II. Aufl. S. 506.

[6]) Abbatiam Tisentinensem in pago Curiensi et Utonis comitatu situm, cum omnibus ad eam iure pertinentibus, ecclesiis, decimationibus, areis, aedificiis, campis, pratis, pascuis, silvis, venationibus, aquis aquarumve decursibus, piscationibus, molendinis, cum famulis utriusque sexus, vineis, terris cultis et incultis, exitibus et reditibus, viis et inviis, quaesitis et inquirendis, omnibusque quae dictis denotari possunt aut scriptis, de nostro iure ac dominio in eius ditionem per hanc nostram paginam potenti manu concedimus. C. D. I. Nr. 78. Bischof von Brixen war damals Herward (1016—1020), der wie sein Vorgänger Adalbero sich durch treue Dienste um den König, besonders bei dessen Heerzügen über den Brenner, verdient gemacht hatte. Vgl. Egger, Gesch. Tirols I, 156; Osw. Redlich, Zur Gesch. der Bischöfe von Brixen, in: Zeitschr. des Ferdinandeum, Bd. 28, p. 20. — Die angebliche Uebertragung des Stiftes Disentis an den Churer

(1040),[1]) löste dann 1048 das Abhängigkeitsverhältnis wieder, indem er Disentis in feierlichen Worten für immun und reichsunmittelbar erklärte.[2]) Dieses kaiserliche Diplom hinderte aber nicht, dass das Kloster unter Heinrich IV. und Heinrich V. wiederum und wiederholt an Brixen vergeben wurde,[3]) bis endlich 1136 Lothar der Sachse dasselbe endgiltig von dieser Abhängigkeit befreite.[4]) Kurz vorher hatte Papst Honorius II. durch Bulle vom 23. Januar 1127 die Abtei vom Bisthumsverband eximiert und sie unmittelbar unter die Herrschaft des hl. Petrus gestellt.[5])

Auf das eben erwähnte — oder ein weiteres? — Diplom von 1048 führen die Klosterchronisten[6]) auch die Erhebung von Disentis in den Reichsfürstenstand zurück. Die Frage bedarf einer besonderen Untersuchung. Als erstes bestimmtes Zeichen des Fürstenstandes der Abtei lässt sich die Thatsache anführen, dass der Disentiser Prälat im Jahre 1213 dem Fürstabte von Rheinau vorsteht.[7])

Das Immunitätsgebiet der Abtei umfasste von jeher die Dorfgemeinden des oberen Oberlandes, welche den jetzigen Kreis Disentis bilden.[8]) In demselben erwarb sich das Stift im Verlaufe des früheren Mittelalters nach und nach alle landeshoheitlichen Rechte, niedere und hohe Gerichtsbarkeit, Jagd-, Bergwerk- und Fischereiregalien.[9])

Bischof, die bald Konrad I., bald Konrad II. zugeschrieben wird, (s. C. D. I, Nr. 154; III, Nr. 119; Reg. v. Dis. Nr. 22 u. 126; Planta, 1. c. 200, Plattner l. c. 95) muss nach den Ausführungen Juvalt's (Forschungen über die Feudalzeit im Curischen Rätien, II, 117) und ganz besonders Sickels (Ueber Kaiserurk. in der Schweiz, p. 30 u. 50) wohl als unecht bezeichnet werden.

[2]) C. D. I, Nr. 87.

[3]) ut nullus episcopus, nullusque dux neque advocatus, nullaque major vel minor potestas aliquam omnino in praedictam abbatiam habeat potentiam, nisi nos aut nostri successores reges vel imperatores, quibus similiter ut nobis regendae commendatur cura monarchiae. C. D. I, Nr. 91; Eichhorn, Cod. Prob. Nr. 33.

[3]) 1057 Verleihung, 1073 Befreiung, 1112 Bestätigung der Freiheit, 1117 abermalige Verleihung. C. D. I, Nr. 94, 155, 107, 112.

[4]) Syn. 29.

[5]) Litt. Dis. Nr. 1; im Auszug abgedr. bei Eichhorn, Cod. Prob. Nr. 42.

[6]) Eichhorn, 228 u. 230; Syn. u. Van der Meer, ad annum 1048.

[7]) Julius Ficker, Vom Reichsfürstenstande, I, 338.

[8]) Mit Ausnahme von Schlans, welches zur Herrschaft St. Jörgenberg gehörte; es sind also Tavetsch, Medels, Disentis, Somvix, Truns u. Brigels.

[9]) Der letzte Graf von Oberrätien, Otto von Bregenz-Buchhorn, starb im Jahre 1085 als der letzte seines Stammes. Nach ihm wurde vom König kein neuer Graf mehr eingesetzt, weil diese Grafschaft neben dem Herrschaftsgebiet des Bischofs von Chur und des Abtes von Disentis kaum mehr existenzfähig erscheinen mochte. Vgl. Planta, Gesch. von Graub. p. 52.

Zur Ausübung der Gerichtsbarkeit bedurfte der Abt, der als Geistlicher dieselbe nicht handhaben konnte, eines Vogtes. Der erste, der urkundlich in dieser Eigenschaft auftritt, ist im Jahre 1212 ein Heinrich aus dem rätischen Geschlechte derer von Sax.[1]) Diese Klostervögte machten indes vielfach von ihrem Schirmrechte einen sehr selbstsüchtigen Gebrauch, indem sie willkürlich in die Verwaltung des Klosters eingriffen und die Interessen desselben schwer schädigten. Auch der Uebergang der Vogtei an die Grafen von Werdenberg-Heiligenberg (Ende 1247 oder Anfang 1248)[2]) leitete keine bessere Periode ein. Die Uebergriffe in das Rechtsgebiet des Abtes von seiten der Klostervögte, des Bischofs von Chur, habsüchtiger Ministerialen, sowie der von dieser Zeit an mächtig aufstrebenden rätischen Gemeinden dauerten während dieses und des nächstfolgenden Jahrhunderts fort. Ja, die Ermordung des Abtes Jakob von Planaterra durch die beleidigten Gotteshausleute (1366) wirft vollends ein gar bedenkliches Licht auf die damaligen Zustände.[3])

Zu den inneren Wirren gesellten sich äussere. Die Kämpfe um die Kaiserkrone, welche im 2. und 3. Decennium des 14. Jahrhunderts das Reich erschütterten, liessen auch Disentis nicht ganz unberührt. Das Stift besass von jeher die Grundherrschaft im Urserenthal, und damit verbunden die Immunitäts- oder niedere Gerichtsbarkeit, wogegen die hohe Gerichtsbarkeit daselbst seit Eröffnung des Gotthardpasses am Ende des 12. Jahrhunderts Reichslehen war. Als 1317 Ludwig der Bayer die Reichsvogtei dem bisherigen von den Habsburgern damit belehnten Inhaber Heinrich von Hospenthal entzog, und sie dem Urner Konrad von Mose verlieh, musste dem Abte sowohl seine Gerechtsame in Urseren, als auch der von alters her lebhafte Verkehr zwischen dem Vorderrheinthal und Wallis — über Oberalp, Urseren, Furca — gefährdet erscheinen. Denn Uri und die Waldstätte hielten zähe zum Bayer, der Abt von Disentis, der Bischof von Sitten als Regent von Oberwallis, wie der Clerus überhaupt, zu Friedrich dem Schönen. Nach einem vergeblichen Versuch der Urner, Urseren zu überfallen, kam 1319 ein Vergleich zustande, in

---

[1]) Dieser musste damals im Auftrag des Abtes den aus Italien herbeigerufenen, im Kampfe mit dem gebannten Otto IV. begriffenen jungen Friedrich nach Constanz begleiten. Syn. 31; Vgl. Huillard-Bréholles, Historia Diplom. Friderici II., I, 215. — Die Synopsis gibt hier fälschlich das Datum 1211 an.

[2]) Eichhorn, 231. Die Genauigkeit der Zeitangabe bei Eichhorn ist allerdings nicht über jeden Zweifel erhaben. Vgl. E. Krüger, Die Grafen von Werdenberg-Heiligenberg und von Werdenberg-Sargans, in: Mitt. des hist. Ver. St. Gallen XXII. (1887) p. 126 u. 388.

[3]) Vaticano-Curiensia, von J. Georg Mayer, im Jahresbericht der hist. antiquar. Ges. von Graubünden, 1887, p. 41.

welchem dem Stifte und den Gotteshausleuten von Disentis Friede,
freier Verkehr und die alten Rechte gewährleistet, Uri die Vogtei-
gewalt zuerkannt wurde.¹) Der Friede hatte indes kurze Dauer.
Als 1331 in folge von Störungen des Verkehrs auf der Gotthard-
strasse Urseren, die Waldstätte und Zürich mit Livinen und
Domodossola in Fehde geriethen, erliess der Abt Martin von Sax
unter dem Einfluss Oesterreichs an seine Leute von Urseren die
Aufforderung, den Waldstätten und ihren Verbündeten den Gotthard zu sperren. Der Befehl hatte keine Wirkung. Die Chronisten
berichten bei diesem Anlass von mehreren Zusammenstössen
zwischen den Truppen des Abtes und denjenigen der Urserer
und der Waldstätte, wobei mit wechselndem Glücke gekämpft
wurde (1332).²) Der endgiltige Friede kam, vorzugsweise durch
die Bemühungen des trefflichen Abtes Thüring von Attinghausen
(1334—1353) und seines Bruders Johann, Landammann von Uri,
im Jahre 1339 in Disentis zum Abschluss.³)

Gegen Ende der Regierung Thürings traf eine schwere
Heimsuchung die Abtei, indem 1348 die Pest bis auf den Abt
und zwei Mönche alle Conventualen hinwegraffte.⁴) Ungemein
nachtheilig für das Stift war sodann die Verordnung Karls IV.
vom Jahre 1359, wonach die Reichsstädte in ihren Handels-
geschäften nur mehr die alten Strassen des Bisthums Chur be-
nutzen durften, der Verkehr über den Lukmanier somit gänzlich
gelähmt wurde.⁵) Und zu alledem brannte das Kloster im Jahre
1387 auf den Grund nieder. Der Abt Johannes IV. Zanus nahm
den Neubau kräftig an die Hand, nachdem er zu diesem Zwecke
verschiedene Güter und Zinse in den Brigelseralpen veräussert hatte.⁶)

Die Regierungsperiode Johannes IV. (1387 bis Juni 1401)
bezeichnet einen Wendepunkt in der Geschichte der Abtei und
des „oberen Theiles" (des Gebietes am Vorderrhein) überhaupt:
einmal wegen der Bündnisse, die eben jetzt sämmtliche Territorial-
herren am Vorderrhein unter sich eingehen, sodann infolge der
Beseitigung der thatsächlich in der Familie Werdenberg-Heiligen-

---
¹) C. D. II. Nr. 180.
²) Eichhorn 235 f.; Syn. n. Van der Meer, ad annum 1332.
³) C. D. II. Nr. 265.
⁴) Reg. v. Dis. Nr. 116.
⁵) C. D. II. Nr. 345. Vgl. Syn. p. 52. Die Verordnung geschah zu gunsten
des Bischofs von Chur, damals Peter I. (1355—68), aus Böhmen gebürtig, der
frühere Kanzler Karls IV., der den Bischof auf jede Weise zu begünstigen bestrebt
war. (Vgl. C. D. III. Nr. 71, 77, 78, 85, 88, 94, 99, 100) Mit Disentis lebte
Peter I. durchweg auf gespanntem Fusse. Er ist es auch, der 1364 von Karl IV.
die Bestätigung der angeblichen Verleihung des Stiftes Disentis an das Bisthum
Chur durch Konrad I. oder II. (s. oben p. 18 Anm. 6.) sich auswirkte (C. D. III.
Nr. 119), was jedoch keine thatsächlichen Folgen hatte.
⁶) Reg. v. Dis. Nr. 138.

berg erblich gewordenen Klostervogtei. Im Jahre 1395 verbanden sich der Abt und die Gemeinde Disentis, der Freiherr Ulrich Brun von Rätzüns und der Freiherr Albrecht von Sax-Misox mit seinen Leuten im Lugnez und in der Grub zu gegenseitigem Rechtschutz. Diesem Bunde traten noch im nämlichen Jahre der Graf Johann von Werdenberg-Sargans (ohne Rätzüns), und 1399 die Grafen Rudolf und Heinrich von Werdenberg-Heiligenberg für ihre Besitzungen im oberen Theile bei.[1]) Im April 1401 erfolgte der Loskauf der Klostervogtei. Gestützt auf die alten Urkunden konnte Abt Johann IV. in öffentlicher Versammlung die Grafen Rudolph, Hugo und Heinrich dazu bewegen, auf das vermeintliche Vogteirecht feierlich Verzicht zu leisten, gegen eine Zahlung von 1000 Goldgulden. Jener Betrag wurde von Abt und Convent und von den Gotteshausleuten von Disentis gemeinsam entrichtet.[2])

Diese Thatsache deutet auf ein eigenartiges Verhältnis zwischen Kloster und Gotteshausleuten hin, auf welches wir etwas näher eintreten müssen. Denn das Verhältnis und die Beziehungen zwischen dem Stifte und den Gotteshausleuten bezw. dem Hochgerichte Disentis bilden ein Stück Klostergeschichte, welches im späteren Mittelalter und in der neueren Zeit sehr in den Vordergrund tritt.

Die Zustände in Oberrätien gestatteten eine ganz strenge Ausbildung des Feudalsystems nicht. Wie in den übrigen Landschaften, im Oberengadin, Münsterthal, Bergell, Poschiavo u. s. w., so gab es am Vorderrhein zahlreiche Freie, welche keiner Herrschaft angehörten. Dieser Umstand musste ganz allgemein das Verlangen nach Freiheit wachrufen. Und während die geistlichen und weltlichen Herrschaften vielfach ihre Kräfte darauf verwandten, einander im Schach zu halten, arbeiteten die Unterthanen mit Zähigkeit und desto grösserem Erfolg an ihrem Befreiungswerke.

Das Kloster Disentis war vollends nicht im stande, eine Landesherrschaft im strengen Sinne auszubilden, da es zeitweise selbst in einem Abhängigkeitsverhältnis stand, und zudem durch die Klostervögte zu sehr in Athem gehalten wurde. Ja, es befand sich oft in der Lage, zur Abwehr der Angriffe derselben die Hilfe der Ministerialen und der Gemeinden ansprechen zu müssen. Somit ist es erklärlich, dass gerade die grosse Gerichtsgemeinde Disentis frühzeitig als in hohem Grade selbständig erscheint. Seit der Mitte des 13. Jahrhunderts

---

[1]) C. D. IV. Nr. 194, 195, 244.
[2]) Reg. von Dis. Nr. 150. Der Loskauf der Vogtei wurde im Jahre 1408 durch König Ruprecht bestätigt. Eidg. Abschiede I, 470; Reg. v. Dis. Nr 162.

tritt sie in den Urkunden, welche die Thalschaft betreffen, neben
dem Abte mithandelnd auf. Im Jahre 1285 besass sie bereits ein
eigenes Siegel.[1]) Die den Grafen von Werdenberg-Heiligenberg
zuständige Klostervogtei musste daher nicht bloss vom Stifte,
sondern ebenso sehr von der Gemeinde Disentis als Last empfunden
werden. Ohne Zweifel hat letztere den Abt Johann IV. wacker
unterstützt bei seinem Bestreben, die Vogtei loszuwerden, weshalb
sie denn auch für die Ablösungssumme mithaftete. Dafür fiel ihr
das Recht zu, ein Wort mitzusprechen bei der neuen Organisation
der Dinge; ja, da die Vogtei zum Theil käuflich an die Gerichtsgemeinde übergegangen zu sein schien, erlangte diese eine gewisse
Vormundschaft über das Stift, ein Umstand, von dem sie später
zum Nachtheil des Gotteshauses den weitgehendsten Gebrauch
machte.

Der kluge und weitblickende Abt Peter von Pontaningen
(1401—1438) erkannte, dass die Zeitverhältnisse andere geworden,
dass man den socialen Aspirationen des Volkes Rechnung tragen
müsse. Auch mochten die Fehden, in die der kriegerische Churer
Bischof Hartmann (1388—1416) sich mit Herrschaften und Vasallen
verwickelt, ihn umsomehr in der Ueberzeugung bestärken, dass
nur der Weg der friedlichen Einigung derjenige sei, auf dem
die Rechtsordnung gesichert, und die eigenen Interessen am besten
gewahrt werden können. Von dieser Anschauung geleitet, knüpfte
er im Jahre 1403 die alten freundschaftlichen Beziehungen des
Gotteshauses zu Schwyz fester,[2]) erneute 1406 das frühere Bündnis
der Gotteshausleute mit den Bewohnern des Blegnothales[3]) und
schloss 1407 ein Landrecht mit Uri.[4]) Peter von Pontaningen
war es abermals, der die Seele der Action bildete, als am
16. März 1424 unter dem Ahorn zu Truns zur Wahrung
der gegenseitigen Interessen jener denkwürdige Bund zwischen
Herren und Volk besiegelt wurde, welcher, die Satzungen
von 1395 erweiternd und durch Errichtung einer Executivgewalt,
des Bundesgerichtes, festigend, den Grundstein bilden sollte zum
späteren Freistaat der drei Bünde.[5]) Pontaningens Nachfolger,
Nicolaus II. von Marmels (1439—1448), Johannes V. Ussenport
(1449—1466), Johannes VI. Schnag (von Schönegg? 1466—1497),
befolgten die nämliche Politik, und konnten dadurch sich wenigstens

---

[1]) C. D. II, Nr. 28.
[2]) Eidg. Absch. I, 101.
[3]) Eichhorn, 241; C. D. III. Nr. 197.
[4]) Reg. v. Dis. Nr. 161.
[5]) Die Urkunde ist abgedr. bei C. Jecklin, Urkunden zur Verfassungsgesch.
Graubündens, Nr. 15 (in den Beilagen zum Jahresberichte der hist.-antiquar.
Ges. von Graubünden; 1883 ff.).

einigermassen vor den immer weiter gehenden Ansprüchen der nach Selbständigkeit strebenden Gotteshausleute sichern.

Eine besondere Bedeutung kommt dem letztgenannten, Johann Schnag und seiner Regierungsperiode zu. Als würdiger Nachfolger des grossen Abtes von Pontaningen, arbeitete er gemeinsam mit dem Churer Bischof Ortlieb von Brandis, thatkräftig für eine Vereinigung aller drei rätischen Bünde, und es ist vorzugsweise das Verdienst der beiden Prälaten, dass diese seit der Vereinigung des oberen oder grauen und des Zehngerichtenbundes vom Jahr 1471[1]) sich als thatsächlich verbunden betrachteten. Im Januar 1480 wurde sodann der alte Friedensvertrag des Bischofs von Chur und des Abtes von Disentis mit Mailand erneut, nachdem die kriegerischen Bewegungen der Eidgenossen in den unmittelbar vorausgehenden Jahren, an denen auch Leute des Bischofs und des Abtes theilgenommen, die guten Beziehungen vorübergehend getrübt hatten.[2]) Mit der Sorge um des Landes Wohl verband der Abt die Sorge für Wahrung und Hebung der Klosterinteressen. Im Jahre 1472 erwarb er sich die an das alte Gebiet des Klosters angrenzende Herrschaft St. Jörgenberg. Andererseits musste er in den mit dem Hochgericht Disentis vereinbarten Conventionen von 1472 und 1477 hinwieder auf manche Rechte Verzicht leisten. Davon wird im folgenden Capitel eingehender die Rede sein. Hier sei nur noch erwähnt, dass Kaiser Maximilian auf Ansuchen des Abtes am 25. März 1495 alle Rechte und Privilegien des Klosters bestätigte, und durch ein weiteres Diplom vom 20. Juli desselben Jahres dem Abte den Blutbann über sein Herrschaftsgebiet als Reichsregal verlieh. Dafür musste dieser bis auf Michael dem Churer Bischof zu handen des Kaisers den Eid der Treue und des Gehorsams leisten.[3])

Johannes Schnag starb am Placidus- und Sigisbertustag, 11. Juli 1497. Sein Nachfolger Johann VII. Brugger (1497—1512), ein geborener Rätier, kann als der letzte Disentiser Abt des Mittelalters bezeichnet werden. Er war ein „Puntsmann" im echtesten Sinne des Wortes, streng in der klösterlichen Zucht, unerschrocken in der Vertheidigung der Klosterinteressen, und als guter Patriot beim Volke beliebt.[4]) Unmittelbar vor seinem Regierungsantritte hatte im Hinblick auf das Umsichgreifen Oesterreichs der Anschluss des grauen Bundes an die Eidgenossenschaft (21. Juni 1497) stattgefunden, und 1498 folgte

---

[1]) Jecklin, Urkunden Nr. 30.
[2]) Syn. 69; Reg. v. Dis. Nr. 219.
[3]) Syn. 75; Reg. v. Dis. Nr. 243. u. 245.
[4]) Vir egregius, pius et suo antecessore haud minor, disciplinae monasticae tenax, bonorum iuriumque defensor indefessus, nennt ihn Eichhorn, l. c. 247.

der Gotteshausbund diesem Beispiele nach. Es that fürwahr auch noth, dass die unter dem Ahorn zu Truns eingegangene Verbindung des Herrn mit dem Bauern noch lebendig in den Gemüthern empfunden wurde und immer weitere Kreise zog. Es kam die bewegte Zeit des Schwabenkrieges, an welchem Abt Brugger hervorragenden Antheil nahm. Beim blutigen Tage an der Kalven kämpften die Disentiser Gotteshausleute in den ersten Reihen. Ein Mönch von Disentis war es auch, Ulrich Willi, seit 1492 Pfarrer in Valendas, der als Feldprediger die Truppen des oberen Bundes in den Schwabenkrieg begleitete.[1]) Und den Erfolg des Tages schrieben die Oberbündner der hilfreichen Fürbitte der hl. Landespatrone Placidus und Sigisbertus zu; so tief empfand noch das Volk den Geist des alten Glaubens und die Verbindung mit dem Gotteshause am Vorderrhein. Nach der Heimkehr wurden feierliche Dankprocessionen nach Disentis veranstaltet, und zum Andenken an den Sieg in der Klosterkirche eine Votivtafel aufgestellt.[2])

II. Capitel.
Zustand des Klosters bei Beginn des 16. Jahrhunderts.

Erstarkt und mit gehobenem Selbstbewusstsein gingen die 3 Bünde aus dem Schwabenkrieg hervor. Die Verbindung derselben unter sich und mit der Eidgenossenschaft hatte sich glänzend bewährt. Die bedeutende Rolle, die beim Waffengang dem Stifte Disentis zugefallen, trug demselben neuen Ruhm und Einfluss ein. Ueberhaupt war die Lage unseres Klosters bei Beginn des 16. Jahrhunderts eine gute zu nennen; sie war ungleich besser als die Lage des Churer Bisthums, welche durch die schwankende Haltung und die zwischen Oesterreich und den Bünden getheilten Interessen des Bischofs Heinrich von Hewen und seines Nachfolgers Paul Ziegler noch verschlimmert wurde. Das „obere Gotteshaus", wie es zum Unterschied gerade von der bischöflichen Kirche zu Chur vielfach genannt wurde, genoss Achtung und erfreute sich eines bedeutenden Ansehens auch über die Landesgrenzen hinaus.

Draussen in den Nachbarländern tobte in diesem Momente der Krieg. Wir befinden uns in der Zeit, wo auf den Gefilden

---

[1]) Auf Ansuchen von seiten des Landrichters des oberen Bundes und der Ammänner von Disentis und Ruschein hatte der Generalvicar von Chur dem Pfarrer von Valendas die Erlaubnis ertheilt, während des Krieges die Messe auf einem beweglichen Altar zu feiern, und mit der gebührenden Ehrfurcht die hl. Sacramente mit sich zu tragen, wie die Eidgenossen es zu thun pflegten. Litt. Dis. Nr. 69; Reg. v. Dis. Nr. 250.

[2]) Die darauf angebrachte Inschrift siehe in den Reg. v. Dis. Nr. 251; Syn. 79.

Oberitaliens um die staatliche Gestaltung Europas gestritten wurde, wobei bekanntlich die Mächte um die Wette die mit Waffenruhm gekrönten Eidgenossen und Bündner in ihre Dienste zu ziehen suchten. König Ludwig XII. von Frankreich brachte in kluger Ausnützung der Zeitverhältnisse mitten im Schwabenkrieg, im März 1499, ein Bündnis mit den eidgenössischen Orten zustande, welches ihm freie Truppenwerbung gestattete. In demselben Jahre zog er auch das fürstliche Stift im oberen grauen Bund in seinen Interessenkreis. In einem aus dem soeben gewonnenen Mailand datierten Schreiben vom 21. October 1499 verspricht der französische König dem Abte Brugger, den er „seinen lieben und aufrichtigen Freund" nennt, für „geleistete und noch zu leistende Dienste" eine jährliche Pension von 100 Goldkronen.[1]) Im Mai 1501 liess denn auch der französische Statthalter in Mailand dem Abte berichten, dieser könne das bereit liegende Geld erheben, wenn er mit der Quittung einen gleichen Brief wie der Bischof von Chur einsende.[2]) Mit der Verleihung dieser Pension scheint indes der allerchristlichste König nur einer alten Verpflichtung des Herzogthums Mailand gegenüber dem Gotteshaus Disentis nachgekommen zu sein, wie wir weiter unten sehen werden.

Im folgenden Jahre, am 3. October 1502, bestätigte Kaiser Maximilian, nach Leistung des Treueides von seiten des Abtes Brugger, von neuem die Rechte und Privilegien des Stiftes.[3]) Der Grund, weshalb der Kaiser, trotz der Ereignisse der vorausgegangenen Jahre, nicht anstand, so schnell wieder dem Stifte sich gefällig zu erzeigen, lag wohl in seinem Bestreben, die Bünde für seine Pläne und Werbungen günstig zu stimmen. Daraus erklärt sich auch seine Verwendung beim Papste zu gunsten der Stadt Chur im Jahre 1505. Durch päpstliches Schreiben vom 13. März dieses Jahres ertheilte nämlich, auf Fürsprache des Kaisers, Julius II. dem Disentiser Abte die Vollmacht, Bürger und Einwohnerschaft der Stadt Chur vom Banne zu befreien, den sie infolge der gegen den Bischof verübten Gewaltthätigkeiten sich zugezogen hatten.[4]) Nachdem die Einwilligung von seiten des Bischofs auf ein demüthiges Schreiben des Churer

---

[1]) Bundi, p. 355; Syn. 80.
[2]) Reg. v. Dis. Nr. 255.
[3]) Syn. 81; Reg. v. Dis. Nr. 256.
[4]) Reg. v. Dis. Nr. 258. — Im Jahre vorher (1504) hatte Julius II. ebenfalls dem Disentiser Abt die Untersuchung und endgültige Entscheidung eines auf dem Wege der Appellation nach Rom gelangten Processes zwischen den Erben des Priesters Ulrich Helwer von Chur und einem gewissen Mathias Schmid aus Feldkirch übertragen. Reg. v. Dis. Nr. 257.

Bürgermeisters Johann Schlegel hin eingetroffen,¹) erfolgte denn auch die Lossprechung durch den Abt, der sich zu diesem Behufe nach Chur verfügte.²)

Nach Ablauf des französischen Bündnisses — im Frühjahr 1509 — wusste der kriegerische Julius II. durch seinen Leguten, den weltgewandten, energischen und durch und durch französenfeindlichen Sittener Bischof und nachmaligen Cardinal Matthäus Schinner, die eidgenössischen Orte sammt Wallis für eine fünfjährige Allianz mit dem päpstlichen Stuhl zu gewinnen und somit zugleich seiner national-italienischen Politik dienstbar zu machen (März 1510). Die 3 Bünde, die auch nach ihrem Anschluss an die Eidgenossenschaft volle Handlungsfreiheit für sich in Anspruch nahmen, traten anfangs dem Bruche mit Frankreich nicht bei, sondern erneuten am 24. Juni 1509 das französische Bündnis.³) In einem Schreiben vom 6. Januar 1510 theilte nun der Papst dem Disentiser Abte mit, dass er den Sittener Bischof mit der Werbung von eidgenössischen Truppen beauftragt habe; der Abt, auf den er viel Hoffnung setze, möge den Bischof dabei mit seinem Rath und Ansehen unterstützen; dadurch verpflichte er sich dem römischen Stuhl zu grossem Danke.⁴) In der That liessen die Bündner, nachdem sie noch 1511 bei Ausbruch des Krieges mit Frankreich den Eidgenossen ihre Vermittlung anerboten,⁵) bald darauf die französische Allianz fallen, und nahmen 1512 am Pavierzuge theil, wobei sie für sich das schöne Veltlin, Cleven und Bormio einheimsten. Wenn es nun auch nicht ersichtlich ist, in welchem Masse gerade der Einfluss des Abtes bei dem Uebertritt der Bündner aus dem französischen ins päpstliche Lager mitgewirkt hat, so bekundet doch das Interesse, womit der König von Frankreich, der Kaiser und der Papst die Freundschaft des Disentiser Prälaten nachsuchten, die hervorragende politische Bedeutung, welche dieser bei Beginn des 16. Jahrhunderts noch im grauen Bunde besass.

Es ist nicht möglich, den Bestand des damaligen Conventes genau zu ermitteln. In einem Pachtbrief vom Jahre 1506 werden 5 Disentiser Capitularen genannt, nämlich Arbogast Schanzer, Prior, Johann Sigler, Custos, Ulrich Willi — der frühere Pfarrer von Valendas und nachmalige Prior — Georg Hennig, und Sebastian Merz von Fellers.⁶) Da es in dem Actenstück

---

¹) Reg. v. Dis. Nr. 259. Hier, wie früher öfters (s. Reg. v. Dis. Nr. 232, 235, 236) wird das Kloster Disentis »monasterium vallis Beligni« — Blegnothal — genannt.
²) Syn. 83.
³) Eidg. Absch. III, 2, p. 1327.
⁴) Syn. 84.
⁵) Eidg. Absch. III, 2, p. 684 u. 585.
⁶) Reg. v. Dis. Nr. 260, aus Litt. Dis. Nr. 71.

ausdrücklich heisst, dass die erwähnten im Namen des ganzen Capitels handeln, so zählte letzteres wohl noch andere Mitglieder, die hier ungenannt geblieben sind. Im folgenden Jahre 1507 kommt denn auch noch ein Martin Kalbiert (Cadalbert) und 6 Jahre später, anlässlich der neuen Abtswahl, Andreas de Falera, Jodokus Kreyer und Johann Bundi urkundlich vor.[1]) Disentis stand somit bei Beginn des 16. Jahrhunderts an Mitgliederzahl den anderen Benedictiner-Klöstern der Schweiz eher vor als nach.[2])

Ueber das innere Leben im Kloster fehlen uns bestimmte Nachrichten. Doch scheinen die Disentiser Prälaten des ausgehenden Mittelalters, deren Hauptthätigkeit allerdings auf politischem Gebiet zu suchen ist, auch die religiöse Seite ihres Amtes mit allem Ernste aufgefasst zu haben. Die Aebte Schnag und Brugger waren für die Ausstattung von Kirchen und Beneficien, sowie für eine würdige Gestaltung des Gottesdienstes eifrig thätig.[3]) Die Bestimmung, die in den Collaturverträgen wiederholt vorkommt, dass der Pfrundinhaber in der Pfarrei selbst wohnen, dieselbe niemanden abtreten sondern selbst besorgen müsse, beweist, dass man in Disentis für die Abschaffung der damals landläufigen Missbräuche mit redlichem Streben arbeitete.[4]) Uebrigens darf der Umstand nicht übersehen werden, dass die weltverlorene Abgeschiedenheit des Stiftes, welche mit den zerfallenen Sitten der Städte und des niederen Adels, sowie mit den öffentlichen Vergnügungsanstalten wenig Berührung gewährte, für die Reinerhaltung des Klosterlebens in dieser Zeit förderlich war.

Verhältnismässig gut unterrichtet sind wir über den Besitzstand der Disentiser Abtei beim Ausgang des Mittelalters.

Das Kloster hatte im Laufe der Zeiten theils durch die Habsucht der Schirmvögte und Ministerialen, theils durch Brand-

---

[1]) Reg. v. Dis. Nr. 263 und 265. — Beachtenswert ist, dass von den 9 genannten Conventualen wenigstens 7 Rätoromanen sind, wie die Angabe der Herkunft oder die Namen selbst beweisen.

[2]) Muri zählte 1508 acht Capitularen (P. Martin Kiem, Abtei Muri-Gries I, 271), Einsiedeln im Jahre 1480 drei, ja 1505 neben dem Abt Konrad von Rechberg nur noch einen. (P. Joh. Bapt. Müller, Diebold von Geroldseck in »Mitth. des hist. Ver. Schwyz« VII. [1890] p. 9.) Bei Einsiedeln lag ein Hauptgrund hiefür allerdings darin, dass der Eintritt nur Adeligen gestattet war (P. Gall Morel, Reg. v. Eins. Nr. 908.)

[3]) Vgl. Eichhorn p. 246 f.

[4]) Vgl. die Eidesformel, die der Ruiser Pfarrer 1477 bei Uebernahme der Pfarrei dem Abte als Collator schwören musste: »Jurabitis mihi et successoribus meis Abbatibus Monasterii Disertluensis reverentiam et honorem. Item quod ecclesiam in Ruvis per vos velitis regere et non abesse sine consensu et consilio Abbatis Disertinensis. Item quod non velitis eandem ecclesiam resignare vel permutare absque consensu et voluntate praefati Domini Abbatis. Item consuetudines et privilegia Monasterii Disertinensis observare, et iis In successionibus et aliis non contravenire quovis quaesito colore.« Reg. v. Dis. Nr. 216, aus Litt. Dis. Nr. 66.

unfälle, wodurch Veräusserungen von Gütern nöthig wurden, theils durch Concessionen an die freiheitsliebenden Unterthanen vieles von seinem früheren Besitzthum und Vermögen eingebüsst.[1]) Dennoch kann die ökonomische Lage desselben bei Beginn der neueren Zeit als eine gute bezeichnet werden, und es verfügte das fürstliche Stift noch über bedeutende Herrschaftsrechte und daraus sich ergebende Einkünfte in den Gemeinden des Oberlandes.

Das Kloster besass auf Disentiser-, Tavetscher und Medelsergebiet ausgedehntes Acker- und Weideland, Wälder und Alpen, „mehr dan sie selber je brauchten, dan sie vast viel hinliehen"; ferner ansehnlichen Grundbesitz in den meisten Ortschaften am Vorderrhein, besonders zu Truns und Ruis, verschiedene Häuser und Güter in Chur,[2]) nebst einem Beneficium an der dortigen Kathedrale;[3]) desgleichen zu Ilanz „ihr eigen Haus und Hof, Stallung, Heue und Fuotter, Reissigen und Saumrossen." Ebenso gehörten dem Kloster bedeutende Güter im Blegnothal und ein Haus in Bellinzona.[4]) Mailand bezahlte eine jährliche Pension.[5])

Diese Angaben sind zum Theil einer interessanten Aufzeichnung aus dem Anfang des 16. Jahrhunderts entnommen, die den Titel führt: „Züns, Rent, Gült und Vermögen des Klosters Thisentis im 1506 Jahr."[6]) Wir lassen daraus noch einige Stellen folgen, die für die innere und äussere Oekonomie des Klosters von Interesse sind:

„Item das Kloster zue Thisentis ist im Haus mit Silbergeschirr und allerley guoter Bereitschaft vast reich. Item es hat 45 Milchkhüe, 200 Schaf, 60 Schwein, vil Hüner und vil Galtvich und Feldross, 4 par Ochsen, 4 reissige Pferdt, ein eignen Stall Saumross. Item es hat auf Laus[7]) ein hübschen, fischreichen See, und schlug drei Fach in dem Rhein, eins zuo Thisentis, eins zue Thruns und eins zue Ilantz. Und satzt man darzue vil

---

[1]) So unter anderem die Besitzungen am Zürichsee und in Italien. Dass besonders letztere bedeutend gewesen sein müssen, darauf deutet die, freilich auch anderswo vorhandene und offenbar übertreibende Volkstradition hin, welche erzählt, der Disentiser Prälat hätte auf seinen Reisen nach Rom jeden Abend auf eigenem Gute Herberge nehmen können.

[2]) Durch Abt Schnag erworben. Syn. 70; Eichhorn 244.

[3]) Stiftung des Abtes Konrad von Lumerins (Lombris) vom Jahre 1240; neu dotiert durch Abt Schnag 1496. Reg. v. Dis. Nr. 51 und 247.

[4]) Dessen Besitz allerdings bestritten. Reg. v. Dis. Nr. 210.

[5]) Wahrscheinlich als keineswegs entsprechende Entschädigung für die dem Kloster entrissenen Besitzungen in Italien. Vgl. die Ueberschrift des oben S. 15 besprochenen Wiener Codex

[6]) Deflorin'sche Documenten-Sammlung p. 713 f.; Willi'sche Doc.-Sammlung p. 599 f. Das Exemplar der letzteren, welches ich benutzte, befindet sich im Besitze des Herrn Nat.-Rath Dr. Decurtins in Truns. Es ist ein Folio-Manuscript von 1093 Seiten.

[7]) Ein Hof auf Somvixer Gebiet.

Rüschen, das etlichs tags ein Centner Fisch ins Kloster kombt, das man einsiehe, das man sich des Fastens freüete. Darzue hats ein eignen Jäger oder zween, 8 Jagdhundt, da kam etlichs Jahrs 60 Gambsthier ins Kloster, 4 oder 5 Büren, sambt vil anderen Gwildt und Vögel. Davon hatten die Jäger die Halsstück, das Schmär, Leder und Unschlitt, das was ihr Jägerrecht. Item man huob zue Ostern an und metzget all wuchen bis zue ingendem Heuwmonath 2 Kelber dem Herrentisch, dan atuch man all wuch 2 Schaf bis auf St. Michelstag, dan fiengt man an und tödtet all wuchen ein guot altrig Rindt und 2 Schwein bis an die fasten. Und was man nit grünes braucht, daraus macht man tigis Fleisch dem Werkvolk und auf den Herrentisch. Item man hat allwegen 3 par Schwie in der Müste, wan man das best abstuch, so leit man ein anders ein." Diese Stellen lassen uns sowohl die bedeutende Ausdehnung, als die stramme Ordnung der Klosterökonomie erkennen.

Das Klostergebäude selbst hatte sich seit dem Brande von 1387 wieder schön und stattlich erhoben. Drei grosse Kirchen waren mit demselben verbunden, dem hl. Martin, der Muttergottes und dem hl. Petrus geweiht. Die beiden letzteren hatte Abt Peter von Pontaningen erbaut und Wilhelm von Raron, Bischof von Sitten, im Jahre 1423 eingeweiht.[1]) Erstere — die eigentliche Klosterkirche — bereits durch Johannes Zanus' gleich nach dem Brand von 1387 hergestellt, liess Abt Brugger im Jahre 1498 grösser und schöner neu errichten. Dieser Bau wurde deswegen besonders denkwürdig, weil bei Anlass der Tieferlegung des Bodens der Kirche seit dem 11. Jahrhundert verschollene, mit uralten Bildern und Inschriften versehene Sarkophag mit den Gebeinen der hl. Klostergründer entdeckt wurde.[2]) Zum Kloster gehörte ferner die vor dem Dorf gelegene Placiduskirche. Sie war im Jahre 804 durch Abt Azzo an der Stelle, wo nach der Legende der hl. Placidus am 11. Juli 630 den Martyrtod erlitten, errichtet worden.[3]) Am 24. Januar 1458 wurde sie durch

---

[1]) Reg. v. Dis. Nr. 173.

[2]) Eichhorn 247. — In Bezug auf das Jahr dieser Auffindung, die seitdem stets am 14. Februar gefeiert wird (s. Proprium Disert. p. 4), widerspricht sich Eichhorn, indem er p. 220 das Jahr 1497, p. 247 das Jahr 1498 angibt. Dass erstere Angabe irrthümlich ist, erhellt daraus, dass Joh. Brugger, unter dessen Regierung nach dem Bericht aller Chronisten die Auffindung stattgefunden, am 14. Febr. 1497 noch nicht zum Abte gewählt sein konnte, da Joh. Schnug erst im Juli dieses Jahres starb. Genannter Sarkophag stammt nach dem Zeugnisse Stöcklins aus der Zeit Pipins, und hat, wie Eichhorn vermuthet (p. 220), den Bischof Tello zum Urheber. Eine darauf befindliche bildliche Darstellung des Martyrtodes des hl. Placidus beschreibt Eichhorn a. a. O. Diese kommt für eine Untersuchung der Legende des hl. Placidus vor allem in Betracht, was uns um so mehr bedauern lässt, dass das alte Denkmal 1799 mit zu Grunde gegangen ist.

[3]) Syn. 11 und 23.

einen Schneesturz zerstört, durch Abt Johannes V. Ussenport aber sogleich wieder hergestellt.¹) — Die Sacristei des Klosters barg einen grossen und wertvollen Schatz von Kirchengeräthschaften.²) Beim Brande von 1387 war ein, wenn auch kleiner Theil der Sacristei gerettet worden.

Tritt uns einerseits das Stift Disentis zu Beginn des 16. Jahrhunderts als Inhaber eines sehr grossen Besitzes an Grund und Boden entgegen, so sind andererseits die **Rechte und Einkünfte** nicht zu unterschätzen, welche dasselbe als Feudalgewalt aus dem Mittelalter herübergerettet. Die Grosszahl der Gemeinden am Vorderrhein waren dem Gotteshause zehntpflichtig, und von den meisten Alpen, sowie von allem Rodland im ehemaligen Immunitätsgebiet bezog dasselbe einen bestimmten Grundzins.

Die Verpflichtungen gegenüber dem Stifte waren indes nicht überall dieselben. Die verschiedenen Abstufungen in den Gemeinden und unter den Angehörigen der einzelnen Gemeinden genauer festzustellen, wird aber erst dann möglich sein, wenn die in den betreffenden Dorf- und in Privat-Archiven zerstreut liegenden Urkunden einmal durchforscht sind. So viel steht fest, dass die Leibeigenschaft bereits zu Anfang des 14. Jahrhunderts in der Landschaft Disentis nur ganz vereinzelt vorkam.³) Auch die hörigen Bauern, die in den verschiedenen Ortschaften mit Klostergütern belehnt wurden, erfreuten sich im allgemeinen einer durchaus erträglichen Lage. Die in der Landschaft, besonders zu Brigels, zahlreichen Freien entrichteten keine Abgaben. Ein Versuch des Abtes Brugger, das Recht der Fastnachthühner auf die Freien auszudehnen, wurde 1504 durch Spruch des Fünfzehnergerichtes vereitelt.⁴) Bezüglich des Zehntbetrages wissen wir, dass im Jahre 1481 zwischen Stift und Gemeinde Disentis eine Ver-

---

¹) Eichhorn 244. — Nüscheler (Gotteshäuser der Schweiz, Bisthum Chur, p. 73) bezweifelt, dass diese Kirche identisch sei mit der heute an der Ausmündung des Tobels St. Placi liegenden schönen Placiduskirche. Die Antwort darauf gibt die Synopsis (p. 187), welche meldet, dass unter Abt Adalbert II. 1656 die alte Kirche abgerissen, und an der gleichen Stelle eine neue schönere, d. h. eben die jetzige, errichtet worden sei.

²) »Item das Kloster Thisentis ist mit beschlagnem Heylthum, Kelchen, Messgewänd, in der Kilchen mit allerley Ornaten vast reich.« Züns, Rent, Gült u. s. w. Willi'sche Doc.-Samml. p. 599.

³) In Urkunden von 1300 und 1339 werden 3 Familien als Leibeigene des Stiftes genannt. C. D, II, Nr. 96; Wegelin, Reg. v. Pfäfers Nr. 155. Vgl. Planta, Herrschaften, 212.

⁴) Urk. abgedr. bei R. Wagner, Rechtsquellen des grauen Bundes p. 158, in: Rechtsquellen des Cantons Graubünden, herausg. von R. Wagner und L. Salis. (Sep.-Abdr. aus »Zeitschr. für Schweiz. Recht«, Bd. XXV—XXVIII.) — Ueber das Bundes- oder Fünfzehnergericht, dessen Zusammensetzung und Competenzen, siehe ebenda p. 10 ff.

einbürung getroffen wurde, wonach „man hinfüro nur von 15 Quartanen 1 Quartanen geben und abstatten solle." [1]

Von grosser Bedeutung war sodann das Collaturrecht, welches in den meisten Pfarrgemeinden des Oberlandes dem Stifte zukam. Das Stift hatte dasselbe von jeher besessen. Im Verlaufe des späteren Mittelalters scheinen jedoch auch in dieser Beziehung die Gemeinden allmählich vom Disentiser Krummstabe sich freigemacht zu haben, weshalb Papst Innocenz VIII. auf die Bitten des Abtes Schnag die Kirchen von neuem und für immer dem Kloster unterstellte; und zwar durch Bulle vom 10. Januar 1490 die Parochialkirchen des hl. Joh. Baptista in Disentis, der Muttergottes in Brigels und des hl. Vigilius zu Tavetsch;[2] durch Bulle vom 24. Mai 1491 die Kirchen des hl. Joh. Baptista in Somvix, des hl. Blasius in Valendas, des hl. Remigius in Fellers, des hl. Georg und Leo in Ruschein mit den dazu gehörigen Kapellen; endlich durch Bulle vom 22. September gleichen Jahres die dem hl. Johannes geweihte Parochialkirche zu Ems.[3] — Diese Pfarreien konnte der Abt nach Belieben mit Conventualen oder Weltgeistlichen besetzen.[4] Der neue Pfarrer oder Vicar musste jedoch jeweilen zur Bestätigung und Investitur dem Diöcesanbischof präsentiert werden.

Ueber das Verhältnis zwischen Collator und Pfrundinhaber belehren uns die Bedingungen, unter denen im Jahre 1506 die Parochialkirche zu Brigels dem neugewählten Pfarrer Dominik Monsch übertragen wurde. Letzterer soll: 1. dem jeweiligen Abt den schuldigen Gehorsam leisten; 2. in besagter Pfarrei wohnen[5] und das Beneficium auf keinerlei Weise beschweren, noch dasselbe an jemand abtreten; 3. den Nutzen des Klosters fördern und dessen Schaden wenden; 4. die Güter, die zum Beneficium gehören, nicht schmälern; 5. mit seinem Antheil sich begnügen und ein Mehr nicht fordern; 6. aus den Einkünften des Beneficiums jährlich 25 rhein. Gulden an das Kloster bezahlen; 7. was er durch das Beneficium erwirbt, darüber ohne Erlaubnis des Abtes testamentarisch nicht verfügen, noch es jemanden schenken, sondern all' dies soll nach seinem Tode dem Kloster zufallen (Beerbungsrecht); 8. niemanden gegen das Kloster Beistand leisten, noch gegen den Abt sich verschwören; 9. in allem der Incorporationsbulle Folge leisten; 10. durch keine Gewalt sich

---

[1] Decurtins, Landrichter Maissen, »Mon.-Rosen«, XXI, 349.
[2] Dafür wurde an die päpstliche Kammer eine Gebür von 35 Goldgulden entrichtet. Litt. Dis. Nr. 41.
[3] Litt. Dis. Nr. 27 a, b u. c; Reg. v. Dis. Nr. 228, 232 u. 235.
[4] »ut per monachos vel sacerdotes laicos ad nutum abbatis amovibiles animarum cura regi possit«, heisst es in der Incorporationsbulle vom 24. Mai 1491.
[5] Personalem facias residentiam.

von dem dem Abte geleisteten Eide entbinden lassen; 11. niemals die obgenannte Summe von 25 Gulden herunterzusetzen oder zu cassieren sich bemühen; 12. endlich erklärt er: jurisdictionem generalem non valere, nisi praecesserit specialis.[1])

Seit 1472 gehörte, wie bereits früher angedeutet, auch St. Jörgenberg dem Stifte an. Laut Urkunde vom 16. Mai dieses Jahres ging nämlich diese Herrschaft — die Ortschaften Waltensburg, Andest, Panix, Ruis, Seth, und Schlans umfassend — sammt den beiden Schlössern St. Jörgenberg bei Waltensburg und Fryberg bei Seth von dem Grafen Nikolaus von Zollern, Herrn zu Räzüns, käuflich ans Kloster über. Vorbehalten blieben dabei allerlei Bodenzinse, Gülten und Huben. Erze und Bergwerke, die Alp Ranasca, das Collaturrecht zu Waltensburg, sowie die Quart der Zehnten, die von früher her dem Pfarrer daselbst zukam.[2]) Die Kaufsumme betrug 1800 fl. Der Abt gab 400 fl. in baar, sodann die Zehnten zu Oberems[3]) im Werte von 1400 fl., mit der Bedingung, dieselben innerhalb 10 Jahren wieder lösen zu können.[4]) Mit diesem Ankauf trat indes ein etwas heterogener Bestandtheil zum Herrschaftsgebiet der Abtei hinzu, wie wir es später zu sehen Gelegenheit haben werden. Kurz hernach, 1484, kam auch

---

[1]) Litt. Dis. Nr. 65. u. Reg. v. Disentis Nr. 261. Aehnlich, aber kürzer lautet die oben citierte Schwurformel des Ruisers Pfarrers.

Das Angeführte gestattet uns auch einen Einblick in die kirchenrechtliche Tragweite der Collatur des Disentiser Abtes. Insofern die »Collatio« im strengen Sinne des Wortes auch die geistliche Jurisdiction (Seelsorge) in sich fasst, kann sie natürlich nur einer geistlichen Person, in der Regel nur dem Diöcesanbischof zukommen. Das Collaturrecht des Disentiser Abtes bedeutete, soviel wir sehen, ungefähr das gleiche, wie das sog. Patronatsrecht. Es begriff in sich das Recht der Präsentation und der Oberaufsicht über die incorporierten Kirchen (mit den damit verbundenen Abgaben). In diesem übertragenen Sinn konnte die Collatur (Kirchensatz) auch von weltlichen Machthabern, z. B. von den Herren von Räzüns, ausgeübt werden, und später nach und nach an die Gemeinden übergehen. Aufgabe des Bischofs dagegen war es, dem Präsentierten die cura animarum zu ertheilen (institutio canonica, investitura, provisio). Die Investitur indes musste der Bischof ertheilen, falls nicht canonische Hindernisse vorhanden waren. Daraus erwuchs ihm auch das Recht, jeweilen die Fähigkeit des Präsentierten zu prüfen. So wissen wir z. B., dass Bischof Planta 1554 den Neupriester Christian von Castelberg einer Prüfung unterzog, bevor er ihm die Seelsorge zu Tavetsch übertrug. (Reg. v. Dis. Nr. 306.) Vgl. Phillips, Kirchenrecht, VII, 481 ff., 784 ff.; Hinschius, Kirchenrecht, II, 649 ff.

[2]) Eine genaue Aufzählung dieser Rechte und Zinse enthält ein vom Grafen Eitelfritz von Zollern — Sohn des genannten Nikolaus und letzter Inhaber der Herrschaft Räzüns aus diesem Hause — unterschriebenes und besiegeltes Register, im Kantonsarchiv Chur. Siehe C. Muoth, die Herrschaft St. Jörgenberg, in: »Bündner. Monatsblatt«, 1881, p. 77.

[3]) Ems bei Chur, zum Unterschied von Hohenems im Vorarlberg.

[4]) Bundi, Beil. XVI. 1. c. p. 580; Reg. v. Dis. Nr. 208.

das dem Kloster Pfäfers zuständige Fischereirecht auf dem Gebiet von Seth durch Kauf an das Stift Disentis.[1])

Für das Unterthanenverhältnis von Urseren zu Disentis in unserer Periode ist grundlegend der Vergleich vom Jahre 1425, welcher 1484 bei neuentstandenen Zwistigkeiten wieder bestätigt und erweitert wurde. Demnach stand den Urserern nach alter Herkunft die freie Wahl ihres Ammanns zu. Dieser musste aber in Disentis vom Abte die Bestätigung des Amtes und Gerichtes einholen, und bei diesem Anlass demselben ein Paar weisse Handschuhe darreichen. Alljährlich auf Martini hatten die Thalleute die schuldigen Zinsen von ihren Gütern nach Ausweis der Rodel an das Stift zu entrichten, zu deren Einziehung der Abt für drei Tage einen eigenen Boten hinschickte. Der Ammann sollte diesem dabei Mithilfe leisten, und erhielt für seine Mühe zwei Pfund. War der Bote infolge säumiger Einzahlung genöthigt, länger als drei Tage dort zu verbleiben, so hatten die betreffenden Personen die Kosten des verlängerten Aufenthaltes zu tragen. Betreffs des Kirchensatzes wurde 1484 durch die zwei erbetenen Schiedsrichter aus Uri, Altammann Hans Fryes (Fries) und Landschreiber Peter Käs bestimmt: Beim Hinschied eines Pfarrers wählen die Thalleute einen neuen, und präsentieren ihn dem Abte. Dieser belehnt ihn mit der Leutpriesterpfründe, worauf noch die Bestätigung vom Churer Bischof einzuholen ist. Das Beerbungsrecht des Abtes hört auf; als Ersatz dafür soll künftig jeder Pfarrer innerhalb Jahresfrist nach seiner Bestätigung dem Stifte 8 fl. rhein. bezahlen. Die jährliche Procession nach dem Gotteshaus der hl. Placidus und Sigisbert soll auch fürderhin stattfinden.[2])

Wir kommen nun auf das **Verhältnis zwischen Kloster und Hochgericht Disentis** zu Anfang des 16. Jahrhunderts zu sprechen. Bedingt wird dasselbe durch die beiden Conventionen mit Abt Johann Schnag, unter dessen Regierung jene Bauernbewegung, welche das spätere Mittelalter durchzog und in welcher der Tag zu Truns wie ein zeitweiliger Waffenstillstand erscheint, wieder einen durchaus ernsten Charakter anzunehmen beginnt.

Die wachsende Macht des Stiftes, die besonders in der Erwerbung von St. Jörgenberg (Mai 1472) erkennbar ist, mochte

---

[1]) Jus piscandi in Seth et infra cum quadam colonia. Reg. v. Dis. Nr. 222. Darauf dürfte auch die Entrichtung von 100 fl. an Pfäfers durch den Disentiser Abt, vom 4. Juni 1496 zu beziehen sein. Reg. v. Dis. Nr. 246.

[2]) Urkunden im Thalarchiv Urseren, abgedr. von A. Denier im Geschichtsfreund, Bd. 43. S. 19 u. Bd. 44 S. 142; im Auszug in Reg. v. Dis. Nr. 175 u. 224. Die erwähnte Procession wurde später abgestellt, gleichwie diejenige der Disentiser auf den St. Gotthard.

dem Hochgericht gefahrdrohend erscheinen. So geschah es, dass durch Vermittlung von Graf Nikolaus von Zollern, Herrn zu Räzüns, Ammann Fries aus Uri, Landrichter Caspar Urt und Johann Capaul, Expräfect von St. Jörgenberg, gleich nach jenem Ankauf mehrere in das Rechtsgebiet des Abtes tief eingreifende Bestimmungen aufgestellt wurden (19. Juni 1472). Der Abt soll von nun an in Criminalfällen nur die Hälfte von Gewinn und Verlust — Strafgelder und Gerichtskosten — beziehen, die Kosten für die Bewachung der Gefangenen dagegen allein tragen; die Vollziehung des Urtheils soll Sache der Gemeinde sein. Die Häupter des Hochgerichts erhalten das Recht, die Frevelbussen beliebig zu erhöhen oder zu vermindern;[1]) die Kosten für den Empfang der Regalien und die Einkünfte derselben werden zu gleichen Hälften auf Stift und Hochgericht vertheilt. Den Ammann — ministralis, rätoromanisch mistral — soll nicht mehr der Abt allein wählen, sondern die Bürger alljährlich am Pfingstmontag aus einem Dreier- oder Vierervorschlag von seiten des Abtes frei erklären können;[2]) wohnt dieser nicht in Disentis, so hat der Abt die Verpflichtung, ihn, so oft er geschäftshalber nach Disentis kommt, sammt dem Ross im Kloster kostenfrei zu halten. Der Abt muss ferner einen Schreiber zu Diensten des Hochgerichts unterhalten, und dem Weibel — apuritor, saltarius, rätoromanisch salter — in der Zeit von St. Hilarius (13. Jan.) bis Ostern, wenn Recht gesprochen wird, nach alter Gewohnheit den Tisch bereiten. Sodann folgen verschiedene Bestimmungen über Verleihung und Empfang von Lehen. Bezüglich des Gerichtsverfahrens wird bestimmt, dass der Abt seine Anstände vor Ammann und Rath vorzubringen habe; fühle er sich beschwert, so könne er an das Gericht der Fünfzehn appelliren, dessen Urtheil für seine Lebzeiten unwiderruflich sei; Streitigkeiten zwischen dem Abt und dem Hochgericht werden vor demselben Gerichtshof geschlichtet. Gegenwärtiges Uebereinkommen soll bis zum Tode des Abtes Geltung haben.[3]) — Der Stein war im

---

[1]) poenas minores maleficis illatas augere vel minuere, Eichhorn 244.

[2]) Durch eine ähnliche Uebereinkunft wurde auch in den übrigen Hochgerichten die Wahl des Ammanns zwischen Herrschaft und Gerichtsgemeinde geregelt. Vgl. Planta, Gesch. Graub. p. 97. — Eichhorn 244, spricht bei diesem Anlasse von einem »foederis ministralis«. Wir haben es hier nur mit einer ungenauen Ausdrucksweise zu thun, und es muss darunter keineswegs, wie R. Wagner (Rechtsq. d. grauen Bundes, p. 14, Anm. 1.) annimmt, der Landrichter des oberen Bundes, sondern mit Planta (Herrschaften, p. 201) der Ammann von Disentis verstanden werden. Dies geht aus dem Zusammenhang bei Eichhorn hervor — den Landrichter nennt er in demselben Satz praeses foederis — und wird durch Aug. Stöcklin (Breve, Chron. p. 19) und Van der Meer (p. 77) bestätigt.

[3]) Eichhorn, 244, aus Dis. Archiv; Stöcklin, Breve Chron. p. 19. f.

Rollen. Schärfer noch klingen die Bestimmungen, die der Abt
5 Jahre später (20. Juni 1477) mit dem Hochgericht eingehen
musste. Schiedsrichter waren Ammann Lusser und Peter Mubeim
aus Uri und der Landrichter Caspar Schöneglin. Es wurde dem
Abte „zur grösseren Ehre Gottes und des Stiftes Nutzen" für
diesmal — pro hac vice — noch gestattet, Novizen aufzunehmen
und zur Profess zuzulassen; dagegen behielt sich die Gemeinde
das Recht vor, ein anderes Mal hierauf zurückzukommen, so
zwar, dass, wenn dieselbe dem Abte jenes Recht nicht einräumen
wollte, die Sache vor dem competenten Richter (Bundesgericht)
zu schlichten sei. Die früheren Bestimmungen über die Verleihung
von Lehen werden abermals zu gunsten der Unterthanen modificiert:
u. a. wird die Handänderungsgebür (Ehrschatz, laudemium) von
den üblichen 10 Pfund Mailändisch auf eine Mass Wein herunter-
gesetzt. Die beim Ankauf von St. Jörgenberg an den Grafen von
Zollern verpfändeten Emserzehnten sollen sobald wie möglich
wieder eingelöst und der Kaufbrief von St. Jürgenberg mit den
übrigen Schriften des Klosters sogleich im Archiv deponiert
werden.¹) Des weiteren wird der Abt angehalten, die Bewilligung zur Ausübung des Münzrechtes sich zu verschaffen; diesbezügliche Auslagen werden vom Hochgericht bestritten und allfällige Anstände durch Vermittelung der Bundesleute entschieden.²)

Feierlich war die Ceremonie, womit der Abt jeweilen am
Pfingstmontag den neugewählten Ammann mit dem Blutbanne
belehnte. Nach Ablegung des üblichen Eides musste dieser im
Angesichte des versammelten Volkes vor dem Abte niederknieen,
welcher ihm als Zeichen der richterlichen Gewalt das Schwert
überreichte mit den Worten: Jeu sco in Pursura della Casa de
Diu a Vus concedel et emprestel la domondada Regalia della
Misterlia en num della Casa de Diu, sche Vus empermetteis a mi
eau encunter, che Vus voleies ils Dretgs e Frietats, vegls Uordens
et Isonzas della Casa de Diu suenter la Vossa pussonza mantener,
a buna fei vegnir suenter, e far in Serament avon la porta della
Claustra, aschi cars sco Dieus a Vus ei et il Salit de Voss' olma.³)

---

¹) Wenn Eichhorn, 245, schreibt: litterae emptionis in loco Sigenthal
— Mohr. Reg. v. Dis. Nr. 217, hat daraus sogar ein »Singenthal« gemacht —
reponantur, so haben wir hier eine irrige Auffassung, oder aber eine irreführende
Ausdrucksweise des St. Blasianer Paters vor uns. Sigenthal bedeutet nicht etwa
einen Ort, sondern einfach das Archiv (Sigel = Urkunde; tale = Truhe). Vgl.
Van der Meer, p. 79, wo es deutlicher heisst: Instrumentum reponatur in
archivo, Sigenthal appellato.

²) Stöcklin, citiert bei Van der Meer, 79 f., Eichhorn, 245.

³) Cuorta Mem. l. c. 247; auch abgedr. bei Decurtins, Landrichter Maissen, Beil·
IV, Mon. Rosen· XXI, 412 f. und bei Wagner, Rechtsq. 108. An Stelle von

Ungeachtet dieses feierlichen Versprechens des jeweiligen Ammanns, die althergebrachten Rechte und Privilegien des Gotteshauses zu schützen, lässt uns doch der Geist, der aus den erwähnten Artikeln athmet, hinlänglich und in unzweideutiger Weise erkennen, welch' hoher Grad von Selbständigkeitsgefühl die Disentiser Gotteshausleute beseelte.[1]) Unter diesen Umständen durften nun auch die Ilanzer ihre Forderungen laut werden lassen. Das Bürgergericht daselbst beschloss im März 1490 den Abt von Disentis zur Besteuerung seiner Besitzungen in Ilanz anzuhalten. Die Appellation des letzteren ans Bundesgericht blieb erfolglos. Auf die Einwendungen des Abtes, dass dieses Verfahren der Billigkeit und dem alten Herkommen zuwiderlaufe und ebendeswegen auch dem Bundesbriefe, welcher bestimme, dass jedermann beim alten Herkommen bleiben soll, erwiderten die Ilanzer einfach, im Bundesbrief sei auch ihre Freiheit und ihr Herkommen vorbehalten und somit das Recht, in solchen Sachen giltige Urtheile zu sprechen.[2]) Damit war die Immunität des Stiftes durchbrochen, und jenes uralte Privilegium illusorisch gemacht.

Unter Abt Johannes Brugger trat in diesem politischsocialen Kampf ein kurzer Ruhepunkt ein infolge der von aussen dem gemeinsamen Vaterland drohenden Gefahren, und wohl auch mit Rücksicht auf die Verdienste des im Lande geachteten Prälaten. Im Jahre 1505 erlangte dieser dem Stifte das ausschliessliche Jagdregal wieder.[3]) Anders sollten die Verhältnisse unter seinem unmittelbaren Nachfolger sich gestalten. Am 29. März 1512 starb Johann Brugger; mit Andreas de Falera treten wir in das Zeitalter der sogenannten Reformation ein.

»persuna« ist in der Synopsis (ad annum 1643) »Parsura« (Herr, Haupt) zu lesen, was auch den allein richtigen Sinn ergibt. — Diese öffentliche Feierlichkeit blieb in Uebung bis zur Convention von 1643 (abgedr. bei Decurtins l. c. Beil. XII. »Mon.-Rosen«, XXI, 428 ff.). Von da an geschah sowohl das Gesuch von Seite des Ammanns, als die Verleihung von Seite jedes neuen Abtes — und zwar für seine Lebenszeit — schriftlich mittelst einer eigens dazu festgesetzten Formel.

[1]) Ein ins Jahr 1475 fallender, rechtzeitig vereitelter Anschlag auf das Leben des Abtes darf indes nicht etwa als allgemeines Stimmungsbild, sondern muss vielmehr als ein Act privater Leidenschaft aufgefasst werden. Der um die Summe von 400 fl. für die Unthat gedungene Fridolin Frisch (Frick), Schneider in Brigels, erlitt zu Disentis die Todesstrafe. Die Auftraggeber, ein gewisser Duff de Caschnider und der Priester Peter Brüg, der, wie es scheint, selbst auf die Abtswürde aspirierte, kamen durch die Flucht dem Gerichte zuvor. Van der Meer 80, aus Dis. Archiv; Bundl, l. c. p. 355; Stöcklin, Breve Chron. p. 20.

[2]) Reg. v. Dis. Nr. 230.

[3]) Stöcklin, Brevis Chron. Nr. 54.

III. Capitel.
Abt Andreas de Falera, 1512—1528.

Die durch das Ableben des Prälaten Brugger entstandene Sedisvacanz benutzten vorab die Disentiser Conventualen zur Aufstellung einer Wahlcapitulation. Von nun an sollte der Abt keinen Professen aufnehmen dürfen ohne Wissen und Willen von Prior und Convent sowie von Amann und Rath zu Disentis; ebenso sollte die Ernennung des Kellermeisters und der Diener an die Zustimmung der genannten gebunden sein. Diese Bestimmungen wurden vom Convente dem Magistrat unterbreitet, und sie verdienen besondere Hervorhebung, weil wir hier Convent und Magistrat gemeinsam handeln sehen zur Einschränkung der Machtsphäre des Abtes.[1]

Unter solchen Umständen bedurfte es an der Spitze der Abtei eines Mannes, der mit Klugheit und Gewandtheit Energie und Entschlossenheit vereinigte. Der neugewählte Prälat Andreas de Falera war fromm, verständig, guten Willens; und mochte ihm für die bewegten drei ersten Decennien des 16. Jahrhunderts einigermassen die erforderliche aussergewöhnliche Thatkraft abgehen, so ersetzte dies sein vertrauter Freund, der energische Abt Theodor Schlegel von St. Luzi zu Chur, dessen Rathschläge er treu befolgte.

Ueber das Vorleben des Prälaten Andreas, wie überhaupt der meisten Disentiser Aebte dieses Jahrhunderts, enthalten die Quellen keine oder nur spärliche Notizen. Andreas de Clavaniev de Falera, wie Bundi und Stöcklin ihn mit vollem Namen bezeichnen, entstammte einer Bauernfamilie auf dem Hof Clavaniev bei Disentis.[2] Er trat sehr wahrscheinlich unter Abt Johann Schnag in den Klosterverband; beim Tode des Abtes Brugger zählte er zu den ältesten Mitgliedern des Convents.

Obschon Andreas de Falera bei der Abtswahl — am 5. April 1512 — uns zum erstenmal entgegentritt, müssen wir

---

[1] Augeführt in dem Appellationsurtheil vom Jahre 1517, abgedruckt bei Decurtins, Bundi, Beil. I. l. c. p. 541.

[2] Bundi, l. c. 355; Breve Chron. 22; Eichhorn, 248; Van der Meer, 86. — Falera ist die rätoromanische Bezeichnung für Fellers, das anmuthige Dorf ob Ilanz. In unserem Falle ist das Wort nicht Orts- sondern Geschlechtsname. Eichhorn und Van der Meer bezeichnen Abt Andreas a. a. O. ausdrücklich als »Disertinas«. Das Geschlecht de Falera wird allerdings ursprünglich vom gleichnamigen Orte herrühren, aus welchem es in früherer Zeit ausgewandert ist. Im 14. Jahrhundert treffen wir einen Ulrich de Falaira als Zinsmann des Bischofs im Prätigau. C. v. Mohr, Die Urbarien des Domcapitels zu Chur, p. 80 u. 90.

doch ohne Zweifel nebst dem Alter auch persönlichen Verdiensten es zuschreiben, dass die Neuwahl auf ihn fiel, und nicht auf den durch Tüchtigkeit und Lebenswandel hervorragenden Prior Johann Sigler aus Feldkirch. Zudem dürfen wir annehmen, die Eigenschaft Andreas' als Landeskind sei bei der Wahl mehr oder minder in Betracht gekommen, zumal da die ganze Lage der Verhältnisse uns die Vermuthung aufdrängt, die Disentiser Obrigkeit habe dabei, wenn auch nur indirect, Einfluss ausgeübt. Den Wahlact vollführten die drei Conventualen Johann Sigler, Johann Bundi und Jodokus Kreyer[1]) unter dem Vorsitz des im Namen des Bischofs Paul Ziegler anwesenden Domdecans von Chur. Derselbe geschah nicht durch geheime Stimmabgabe (scrutinium), sondern dadurch, dass die Wähler einstimmig und offen sich auf den genannten einigten.[2]) Die Bestätigung und Weihe von seiten des Churer Bischofs erfolgte bald darauf.

Aus dem Umstand, dass bei dieser Wahl nur drei Conventualen mitwirkten, dürfen wir keineswegs den Schluss ziehen, dass der Convent damals blos aus diesen bestanden habe. Denn wie wir oben gesehen,[3]) zählte das Capitel im Jahre 1506 noch wenigstens 5 oder 6 Mitglieder mehr, wobei die Annahme kaum berechtigt ist, dass alle in dieser kurzen Zwischenzeit mit Tod abgegangen wären.[4]) Zudem steht es fest, dass der spätere Abt Martin Winkler schon damals im Kloster sich befand, da er, wie Stöcklin berichtet,[5]) das Wahlinstrument mit unterzeichnete. Wenn wir in Betracht ziehen, dass zu dieser Zeit manche oberländischen Pfarreien mit Conventualen besetzt waren, so dürfte die Wahl von 1512 vielleicht dadurch zu erklären sein, dass damals nur noch die drei genannten im Kloster sich aufhielten, oder aber dass die Wahl, wie es canonisch zulässig und auch anderswo vielfach üblich war, von vornherein einer ungeraden Zahl von Wenigen überlassen wurde.[6])

Des Abtes erste Amtshandlung, wovon wir unterrichtet sind, zeugt von seiner Sorge für die Wahrung der Klosterinteressen.

---

[1]) Die Litt. Dis. Nr. 74, und darnach Mohr, Reg. v. Dis. Nr. 265, nennen letzteren Jodokus Dreyer. Da muss ein Schreibfehler des Copisten vorliegen; denn es ist wohl nicht anders denkbar, als dass dieser identisch sei mit dem unter der Regierung des Abtes Andreas hervorragenden Jodokus Kreyer, der später zur Prälatur berufen wurde.

[2]) vivo vocis oraculo et per viam inspirationis Spiritus Sancti. Litt. Dis. Nr. 74.

[3]) Vgl. S. 27.

[4]) Zwischen 1506 u. 1512 sind wahrscheinlich Arbogast Schanzer und Ulrich Willi gestorben; ersterer war 1500 Prior, letzterer 1507, 1512 ist es Johann Sigler. Reg. v. Dis. Nr. 260, 263, 265.

[5]) Bei Van der Meer, 95.

[6]) Vgl. Kiem, Abtei Muri I, 341 f.

Die erwähnte vom französischen König als Herrn zu Mailand dem Stifte zugesicherte Pension scheint nicht immer genau entrichtet worden zu sein. Nachdem nun im Juni 1512 die schweizerischen und bündnerischen Waffen der Herrschaft der Franzosen in Oberitalien vorübergehend ein Ende gemacht, ersucht der Disentiser Prälat die am 20. October darauf zu Zürich versammelten eidgenössischen Stände, ihm bei der Eintreibung seiner Forderungen behilflich sein zu wollen.[1]) Diese Bitte wird bei der kurz darauf durch die Eidgenossen vollbrachten Einsetzung Maximilian Sforza's in Mailand wohl auch berücksichtigt worden sein.

Günstiger noch war der Augenblick, als es 3 Jahre später nach der verhängnisvollen Schlacht bei Marignano den Sforza im höchsten Grade daran gelegen war, die vielumworbenen Schweizer und Bündner auf ihrer Seite zu erhalten, bezw. für sich zu gewinnen. Des mailändischen Herzogs Bruder, Johann Paul Sforza, gab bei seiner Anwesenheit in Chur auf die Interpellation des Abtes unter dem 23. September 1515 die schriftliche Zusage, es solle ihm die Pension von 100 Golddukaten, in deren Besitz er „vil und lange geraume Zeit, als schier keinen Menschen gedenken mogen", gewesen sei, „zu ewigen Zeiten bezalt und entricht werden, sampt Abzalung der ausstehenden verlegen Pensionen, welche er bishero unbezalt zu sein redt." Ferner solle, wie dies früher der Fall gewesen, das erste im Herzogthum Mailand vacant werdende Beneficium, „so hundert oder mehr Dugaten Inkommens hat", dem Abte verliehen werden.[2])

Ob dieses Versprechen bei dem bald darauf zu gunsten Frankreichs erfolgenden Umschwung in der Schweiz (ewige Richtung von 1516) thatsächliche Folgen gehabt habe, lässt sich bezweifeln. Offenbar handelte es sich um die nämliche Angelegenheit, als der Abt noch 1521 sich veranlasst sah, auf einer Tagsatzung zu Bern. am 10. Juni genannten Jahres, verschiedene Forderungen an den Grandmaitre vorzubringen, mit deren weiterer Erledigung die nach Frankreich abgehenden Boten beauftragt wurden.[3]) Der unmittelbar vorher (Mai 1521) mit Frankreich ein-

---

[1]) Eidg. Absch. III, 2. 657.

[2]) Eichhorn, Ep. Cur. Cod. Prob. Nr. 130; Vgl. Syn. 80. — Reg. v. Disentis Nr. 269 ist darnach zu berichtigen, sowohl was die Höhe der Pension betrifft, welche sammt dem Beneficium 200 Dukaten beträgt, als bezüglich des Versehens in der Datierung am Schlusse des Regests.

[3]) Eidg. Absch. IV, 1. a. 44. — Als Mailand nach dem Tode des letzten Sforza an die Krone Spanien kam (1535), war diese so gerecht, dem Stifte Disentis jährlich 500 Dukaten zukommen zu lassen. Ein gleiches that Oesterreich als Inhaber des Herzogthums (seit 1714) bis zum Jahr 1797, obgleich es die

gegangenen Allianz schloss sich auch der graue Bund an, während die beiden anderen Bünde erst 2 Jahre später nachfolgten.

Abt Andreas mochte diese Angelegenheit mit umsomehr Ernst betreiben, weil gerade damals die Noth des Stiftes gross war. Im Jahre 1514 brannte nämlich das Kloster bis auf den Grund ab. Das Feuer brach in der Werkstätte eines Handwerkers aus, und erfasste mit Schnelligkeit das ganze Gebäude. Auch die neuerbaute Kirche des hl. Martin fiel an diesem Tage bis auf die Sacristei in Trümmer. Letztere konnte gerettet werden und damit der grösste Theil der ansehnlichen und wertvollen kirchlichen Geräthschaften, Ornamente und Reliquien.[1] Abt Andreas nahm den Wiederaufbau sofort an die Hand, ohne dabei die anderen Aufgaben seines Amtes ausser Acht zu lassen.

Im October 1514 verfügte er sich in eigener Person nach Innsbruck zu Kaiser Maximilian, der ihm unter dem 18. genannten Monats und Jahres alle Rechte und Privilegien des Stiftes bestätigte und den Blutbann über sein Herrschaftsgebiet als Reichslehen verlieh.[2] Der Abt besass jedoch die Macht nicht, dem kaiserlichen Diplom auch die gehörige Nachachtung zu verschaffen. Im Gegentheil, das Hochgericht Disentis benutzte die durch den Brand erschütterte Lage der Abtei, um neue Forderungen gegenüber derselben geltend zu machen. Immer deutlicher zeigt sich bei ersterem das Bestreben, nicht blos das frühere Abhängigkeitsverhältnis ganz zu lösen, sondern auch eine förmliche Vormundschaft über das Stift sich anzueignen. Durch öffentlichen Beschluss wurden nunmehr die Klostergüter der allgemeinen Steuer unterworfen, Kauf und Verkauf, die Verleihung von Lehen, die Aufnahme von Novizen und Professen, sowie die Ernennung des Kellermeisters von der Zustimmung der Obrigkeit abhängig erklärt.

Der Abt erhob darüber Beschwerde vor dem „unparteiischen" Gericht zu Waltensburg, erhielt aber hier ungünstigen Bescheid. Darauf appellierte er „mit seinem erlobten Fürsprecheren" Otto von Capol, Ammann zu Flims, an das Bundesgericht, welches in seiner ordentlichen Frühjahrssitzung zu Truns vom 28. April

---

Landschaft Lomellina, woher die Abgabe herrühren dürfte, an Piemont abgetreten hatte. Von da an hörte trotz der wiederholten Bemühungen des infolge neuen Brandunglückes (1709) hart bedrängten Stiftes das Jahrgehalt auf. C. D. I, Nr. 129, Anm.

[1] Cuorta Mem. p. 215; Eichhorn, 248. Grosse Ueberschwemmungen im Blegnothal, welche die ausgedehnten dortigen Besitzungen des Stiftes arg beschädigten, verschlimmerten noch die Lage desselben. Syn. 66.

[2] Syn. 85, Van der Meer, 66. — Vom 1. Sept. 1514 bis zum 7. März 1515 hielt sich damals der Kaiser zu Innsbruck auf. C. F. Stälin, Aufenthaltsorte Maximilians I. in: Forsch. z. Deutschen Gesch. I, 377.

1517 das frühere Urtheil etwas zugunsten des Abtes modificierte. Die Novizen- und Professenaufnahme möge dem Abt und Convent freistehen, allerdings, wie der Chronist dabei bemerkt, „gleichsam aus Gunst und Gnade der Obrigkeit." [1]) Für die alten Besitzungen des Stiftes solle die Steuerfreiheit weiter bestehen, nicht aber für die neulich hinzugekauften Güter und Zinse desselben. Kauf und Verkauf sowie Verleihung von Erblehen sollen an die Zustimmung von Ammann und Rath gebunden sein. Die Vergebung anderer Lehen wurde dem Abt zugestanden bis auf die Dauer von 12 Jahren, und nicht über die Lebenszeit des jeweiligen Abtes hinaus. Die Ernennung des Kellermeisters soll geschehen durch den Abt, den Ammann und zwei „ehrbare Männer aus dem Rat" zu Disentis.[2])

Sehr bezeichnend für die Art und Weise, wie das Hochgericht in den Ansprüchen gegenüber dem Stifte immer weiter zu gehen weiss, ist die Angelegenheit bezüglich des Empfanges der Regalien, welche beim nämlichen Anlass vor den Fünfzehn zur Sprache kam. Wir haben gesehen,[3]) dass das Hochgericht seit 1472 an den Regalien die Hülfte von Gewinn und Verlust besass. Dagegen argumentierten nun die Disentiser, „sy werend nit darwider, dass sy den halben theil der regalien hetten, aber des kostens des empfachens vermeinet sy, wen ein keyser mit tod abgieng, dan so werend sy nit darwider, die mit einem herrn zu empfachen und des empfachens halben kosten zu tragen, wen aber ein abt gienge mit tod, so blib allwegen ein gmeind, vermeintend dan nit schuldig sein zu empfachen." Das Bundesgericht bestätigte das Urtheil, das bereits zu Waltensburg gefällt worden war, es solle fürderhin bei der bisherigen Praxis bleiben: „als dik es zu schulden kem zu empfachen, sollent allwegen bed theil auch mit einander empfachen, dan so müge ein herr zu Tisentis reiten mit pferden, wie seiner gnaden zimpt in seiner gnaden kosten, und die von gemelter gemeind, wan es also zu valle kombt, ein erbarn Boten mit einem. Knecht darzu verordnen, und die also mit einem herrn schicken in iren kosten, und was kosten des empfachens halb darauf gät, soll jeder theil halben kosten tragen, als dik es zu schulden kombt zu guten treuen ohngeferd."[4])

Um dieselbe Zeit wurde, den Verhältnissen entsprechend, dem Kloster ein Hofmeister oder Kastvogt (aulae praefectus)

---

[1]) tamquam ex gratia et beneficio magistratus. Eichhorn, 240; Van der Meer, 87.
[2]) Urk. abgedr. bei Decurtins, Bundi; Beil. I. l. c. p. 541 ff.; vgl. Brevé Chron., 22; Eichhorn, 240; Van der Meer, 87. In Mohrs Reg. v. Dis. fehlt dieser wichtige Rechtsspruch.
[3]) S. oben p. 34.
[4]) Bundi, Beil. I. l. c. p. 543.

aufoctroiert. Als erster in diesem Amte tritt uns Konrad von
Lombris entgegen in einer Urkunde vom Jahre 1522, durch
welche Abt Andreas gemeinsam mit dem derzeitigen Ammann
Gaudenz von Lombris, dem Bruder des vorigen, einen Meierhof
zu Medels einem Petrus Martinet zu ewigem Erblehen übergibt.[1])
Damit war die Bevormundung des Stiftes durch das Hochgericht
sozusagen eine vollendete; waren ja alle wichtigeren Schritte des
Abtes an die Zustimmung von Ammann und Rath gebunden.

Unterdessen hatte die von Zürich ausgehende neue Lehre
immer weitere Kreise erfasst und mit raschen Schritten auch der
Bündnergrenze sich genähert. Ueberhaupt machen wir die Wahrnehmung,
dass Zürich durchweg seine Blicke auf den Osten
gerichtet hält, im Gegensatz zu Berns Politik im Westen, wobei
besonders die gänzliche Protestantisirung Graubündens und des
Wallis als ein Hauptziel der beiderseitigen Bestrebungen erscheinen
musste, um dadurch die katholischen Orte zu isoliren und von
allen Seiten zu umschliessen. Zwingli verdankt bekanntlich seine
verhältnismässig schnellen Erfolge nicht zum geringsten Theil
dem demokratischen Charakter seiner Lehre. Indem diese dem
Volke Erleichterung der Lasten versprach, fand sie bei ihm
willigen Eingang. Das sociale Moment steht im Vordergrund,
das religiöse muss vielfach bloss als Etiquette und als Mittel zum
Zwecke dienen. Das gilt von der sog. Reformation im allgemeinen
und ganz besonders von Zwingli, der mehr Politiker als Theolog war.

Ganz richtig erkannten denn auch diejenigen Orte, denen
es mit der Erhaltung des alten Glaubens ernst war, dass man
der religiösen Revolution am erfolgreichsten begegnen könne
durch kluge Berücksichtigung der socialen Aspirationen und
Forderungen des Volkes. So entstanden die Sarganser Artikel
1523, das Mandat vom Glauben im Juli 1525; in theilweise
ähnlichem Sinn ist auch der erste Ilanzer Artikelbrief vom
4. April 1524 aufzufassen.[2]) Letzterer richtete seine Spitze gegen
die Vorrechte des Bisthums, traf aber gleichzeitig auch die
Klöster.[3]) Abt Andreas von Disentis, der wahrscheinlich dabei

---

[1]) Urk. im bisch. Archiv Chur, B., 39. Die Synopsis (und nach ihr Reg.
v. Dis. Nr. 277) nennt irrigerweise Konrad von Lombris als derzeitigen Ammann.
— Die von Lombris sind ein altes, rätisches Geschlecht, das in der Geschichte
des oberen Bundes eine bedeutende Rolle gespielt hat. Ihr ursprünglicher Sitz
war Lumbrein im Lugnez. Den genannten Konrad treffen wir am 26. Juni 1529
als Abgeordneten des grauen Bundes bei der Abschliessung des ersten Landfriedens
(Eidg. Absch. IV. 1. b. 1478), und 1534 als Landrichter (Urk. bei
Wagner, Rechtsq. p. 174).

[2]) Jecklin, Urkunden, Nr. 37; Eidg. Absch. IV, 1. a. 407.

[3]) Vgl. Art. 4: Zum vierden, so ist ouch unser ordnung, wo ein priester
in unseren pündten abstirbt, das dan sin hab und guott sinen rächten nöchsten

unter dem Einflusse Schlegels handelte, war weitherzig genug, um sich diesen Artikeln nicht schroff entgegenzustellen. Als wenige Monate darauf — am 23. Sept. 1524 — die Abgeordneten der drei Bünde zu Ilanz zusammenkamen, um gerade hundert Jahre nach dem Tage von Truns die alte Vereinigung zu erneuern und den Bundesvertragsbrief aufzurichten, stand der Disentiser Prälat nicht an, seinen Namen an die Spitze der Urkunde zu stellen.[1]) Und doch wurde dabei der Artikelbrief ausdrücklich bestätigt. Aus diesem Grunde hielt sich denn auch der Churer Bischof gänzlich davon fern.

Einen weit schärferen, ja durchaus radicalen Charakter tragen die Bestimmungen des zweiten Ilanzer Artikelbriefes vom Juni 1526. Bevor wir auf die Beurtheilung desselben und auf dessen Folgen für das Stift Disentis näher eintreten, sei uns gestattet, auf die Entwickelung der religiösen Bewegung und auf die damaligen religiös-sittlichen Zustände in Oberrätien einen flüchtigen Blick zu werfen.

Es klingt beinahe unglaublich, was P. Clemente in seiner Geschichte der Kapuziner-Mission in Rätien über die Zustände jener Zeit berichtet.[2]) In den niederen Schichten des Volkes herrschte die grösste Unwissenheit in religiösen Dingen. Die fundamentalsten Wahrheiten der Religion waren vielfach unbekannt oder aber durch Irrthümer entstellt, wodurch einerseits ein schrecklicher Aberglauben, anderseits die sonderbarsten und bedenklichsten Ansichten über die Sittengesetze Platz greifen konnten. Die nächste Schuld daran trifft die vielen unwürdigen Priester, die damals die Seelsorgestellen innehatten.[3]) Sie standen der Mehrheit nach auf einer sehr niederen Bildungsstufe, und, was schlimmer, ihr privater und öffentlicher Lebenswandel war

---

erben und fründen und sunst niemantz anderen zuo gehören soll. — Dadurch wurde also das Recht des Kollators auf den Nachlass verstorbener Priester aufgehoben.

[1]) Jecklin, Urkunden, Nr. 38; Eidg. Absch. IV. 1. a. 1502.

[2]) P. F. Clemente, Storia delle Missioni de' Frati Minori Capuccini nella Retia, Trento 1702. Man vergleiche besonders Cap. III. p. 7: Dello stato della religione avanti l'andata de' Capuccini nella Retia. Clemente's Schilderung bezieht sich allerdings zunächst auf die Zeit unmittelbar vor Beginn der Kapuziner-Mission (1621), auf die durch Kriege und Unruhen blutig bewegten zwei ersten Decennien des 17. Jahrhunderts; sie wird aber im grossen und ganzen auch für das 16. Jahrhundert zutreffend sein.

[3]) Dabei verkennen wir keineswegs, dass man eigentlich im Grunde nicht von Clerus und Volk als zwei getrennten Dingen sprechen kann. Sie stehen vielmehr zu einander in wechselseitig bedingter Beziehung. Der Clerus geht aus dem Volk hervor, und wirkt seinerseits wieder, sei es im guten oder im schlechten Sinne auf dasselbe zurück. Es liegt daher eine gewisse Einseitigkeit in der so landläufigen Neigung, dem verweltlichten Clerus mancher Perioden kurzweg die Entsittlichung des Volkes zur Last zu legen, da man ja diesen Satz mit gewissem Recht auch umkehren kann.

oft nichts weniger als priesterlich.[1]) Es waren vielfach Leute ohne
Beruf oder gar ohne Weihen, besonders unter den zahlreichen
Fremden, welche ohne irgendwelche Anzeige an den Bischof
nach Bünden kamen, nachdem ihnen der eine oder der andere
nicht immer ganz lautere Grund das Bleiben in der Heimat unmöglich gemacht. Der rätoromanischen Landessprache unkundig,
mochten diese Fremden gleich aus diesem Grunde der Predigt
und des katechetischen Unterrichts sich enthoben glauben. Es
ist somit klar, dass der geistliche Stand damals die gebürende
Achtung weder verdiente noch genoss, dass das Volk vielmehr
nur mit neidischem Blick auf die Vorrechte desselben hinsah. Der
Einfluss des Bischofs von Chur war zu gering, um wirksam eingreifen zu können.

Wenn wir einerseits diese trüben Verhältnisse und die
daraus entspringende religiöse Gleichgiltigkeit, andererseits die Vortheile, welche die Zwinglische Lehre in Aussicht
stellte, in Erwägung ziehen, dann kommt uns der schnelle Fortgang, den die Glaubensbewegung in den Bünden nahm, nicht so
unbegreiflich vor.

Im Oberland mochten die religiös-sittlichen Zustände insofern
etwas besser aussehen, als das Kloster Disentis hier fast überall
die Kollatur besass und die Pfarreien, wenigstens theilweise, mit
einheimischen und würdigen Priestern besetzen konnte.[2]) Zudem
besass der Abt als guter Patriot beim Volke ungleich mehr Ansehen als der Diöcesanbischof. Diese Momente müssen mit beachtet werden, um die Thatsache zu verstehen, dass gerade das
Oberland es ist, welches zum grössten Theil dem alten Glauben
treu geblieben.

Wie anderswo, war man auch in Bünden anfangs über die
Tragweite der religiösen Bewegung nicht im klaren; daher kam
es, dass dieselbe sogar von streng altgläubig gesinnten Männern
freudig begrüsst wurde. Wir brauchen nur an Theodor Schlegel
zu erinnern, der eine Reform sehnlichst herbeiwünschte, freilich
eine Reform wesentlich anderen Charakters. Denn als er einsah,

---

[1]) Rosius a Porta schreibt: quod per Raetiam nostram soliti essent clerici
obambulare armati, et vestium indecoro luxu uti, atque sub immunitatis ecclesiasticae velo cuncta sibi permissa vellent ... Verum concubinae, potationes et
artes aliae malae, quae passim in sacro ordine praevaluerant, faciebant, ut
sanctum ministerium in vituperium conversum fuerit; siquidem ipsa sacra horum
hominum libidini famulari cogebantur. Historia Reformationis Ecclesiarum
Raeticarum (1771) I, 48 f. — Die Darstellung a Portas ist gewählt in der
Form, erhebt sich übrigens aber nicht über eine einseitig protestantische Auffassung.

[2]) Dieser Umstand wird in den Incorporationsbullen Innocenz' VIII.
besonders hervorgehoben. Litt. Dis. Nr. 27 a.

welchen Verlauf die Sache nahm, setzte er seine ganze Kraft ein, um die heranstürmende Flut zu bewältigen.¹)

In gleichem Sinne wie Schlegel, war Andreas de Falera, nach dem übereinstimmenden Bericht aller Klosterchronisten ein überzeugungstreuer Anhänger des alten Glaubens, im oberen Oberlande thätig.²) Ihm standen würdig zur Seite die beiden Conventualen Johann Sigler, Prior, und Jodokus Kreyer von Ruschein. Nach dem Brande von 1514 ordnete der Abt sofort die Wiederherstellung der Klosterkirche an, damit der Gottesdienst keine allzu lange Unterbrechung erleide.³) Der Neubau nahm mehrere Jahre in Anspruch. 1520 ertheilte Leo X. auf das Gesuch des Abtes einen vollkommenen Ablass allen, die unter den gewöhnlichen Bedingungen von Beicht und Communion am Palmsonntag die Klosterkirche besuchen und zur Anschaffung von Kelchen, Büchern und anderen Kirchengeräthschaften hilfreiche Hand leisten.⁴) Daraus scheint hervorzugehen, dass die Kirche damals wieder aufgebaut war, die innere Ausstattung aber noch fehlte. Bischof Ziegler zögerte mit der Bewilligung der Publication der Ablassbulle. Diese erfolgte erst im Mai 1522, und die Publication blieb auf das Decanat ob dem Wald beschränkt. Nicht ganz mit Unrecht beschuldigt bei diesem Anlass die Synopsis den Bischof, dass er angesichts der beginnenden religiösen Gährung eine zu wenig entschiedene Haltung gezeigt habe, da ein Uebel leichter im Keime zu ersticken, als einmal gross geworden zu vernichten sei.⁵) Er sollte es bald selbst erfahren. Die Bewegung trat ihm so nahe, dass er es für gut fand, den unruhigen Bündnerboden zu verlassen und sich auf sein Schloss zu Fürstenburg zu begeben (1525).

Eine andere Politik befolgte unterdessen der Abt von Disentis. Die Gefahr wohl erkennend, welche für den alten Glauben in den freiheitlichen Bestrebungen des Volkes lag, unterzeichnete er, wie erwähnt, den ersten Artikelbrief. Diese

---

¹) Murum pro ecclesia Dei sese opposuerat, sagt die Synopsis, p. 97.

²) Dass man von Zürich aus, ähnlich wie auf Pfäfers, auch auf Disentis zu influiren bestrebt war, geht daraus hervor, dass Erhard Hegenwald in der Widmung seiner Schrift über die Zürcher Disputation (1523) an den Abt Russinger von Pfäfers, letzteren ersucht, die Schrift auch anderen Freunden, insbesondere dem Abte von Disentis mitzutheilen. Schuler und Schulthess, Zwinglii opera, I. 114.

³) Van der Meer, 86; vgl. oben p. 41.

⁴) Litt. Dis. Nr. 40; Syn. 88. Durch den Ablassbrief war dem Abte und den von ihm bezeichneten Priestern auch die »facultas, absolvendi omnia peccata, exceptis in Bulla Coenae contentis, et vota commutandi, exceptis maioribus« verliehen.

⁵) Syn. 89.

Anschauung, durch kluge, freiwillige Zugeständnisse grössere erzwungene zu verhüten, leitete ihn durchweg.

Am 5. Juni 1518 wurde mit Zustimmung des Abtes die dem hl. Georg und Scholastica geweihte Kirche zu Schlans von der Mutterkirche zu Brigels getrennt und für selbständig erklärt.[1]) Ebenso gab der Abt im Mai 1526, wenn auch ungern,[2]) die Einwilligung zur Separation der Kirche des hl. Florin zu Seth in der Herrschaft St. Jörgenberg von der Pfarrkirche des hl. Georg zu Ruschein.[3]) Der Umstand, dass die Trennung nicht, wie im erstgenannten Fall und wie es canonisch allein richtig ist, durch den Diöcesanbischof, sondern vielmehr unter dem 26. des genannten Monats durch den Landrichter in öffentlicher Versammlung zu Ilanz ausgesprochen und beurkundet wurde,[4]) deutet auf den erhöhten Ernst der Situation hin, steht übrigens vollkommen im Einklang mit dem Geiste, der aus den anderen Ereignissen desselben Jahres uns entgegenweht.

Am 8. Januar 1526 hatte die Ilanzer Disputation stattgehabt, auf welcher Comander und Genossen in dem gelehrten und redegewandten Abt von St. Luzi einen überlegenen Gegner gefunden. Diese hatte übrigens, wie alle derartigen Veranstaltungen, keinen anderen Erfolg, als dass dadurch der religiöse Gegensatz geschärft wurde, und die Glaubensbewegung schneller in das Volksbewusstsein eindrang.

In der Wahl des Städtchens Ilanz als Ort der Disputation lässt sich der Einfluss und eine ganz bestimmte Absicht der Reformatoren nicht verkennen. Hier, genau in der Mitte zwischen „dem unteren und dem oberen Gotteshaus" hatten diese am wenigsten den Widerstand der Altgläubigen zu fürchten. Zudem war die vielfach mit fremden Elementen gemischte Bevölkerung des Städtchens schon damals der Reformation geneigt, und eine Befestigung der protestantischen Sache an diesem Punkte musste den Neuerern um so wichtiger erscheinen, als dadurch ein mächtiges Hindernis geschaffen wurde für ein allfälliges gemeinsames Vorgehen der beiden Stifter Chur und Disentis.

Das Stift Disentis nahm an der Disputation entweder gar keinen oder keinen hervorragenden Antheil; wäre dem anders, so müsste der ausführliche Bericht von Sebastian Hofmeister, der als Augen- und Ohrenzeuge die Verhandlungen niederschrieb,

---

[1]) Syn. 87.
[2]) consensu abbatis tamquam patroni et collatoris, aegre licet obtento. Syn. 93.
[3]) Syn. l. c.
[4]) Von der bischöflichen Curie wurde die Trennung erst bedeutend später anerkannt.

etwas davon enthalten.¹) Am 25. Juni 1526 erhob nun der Bundestag zu Chur im sogen. zweiten Ilanzer Artikelbrief jene politisch-socialen Forderungen zum Gesetz, welche, den 12 Artikeln der süddeutschen Bauern nicht unähnlich, Bisthum und Klöster in ihren Grundfesten erschütterten.²) Die Bestimmungen sind allgemein gefasst; uns berühren sie insoweit, als sie eben auch das Stift Disentis treffen. Durch Art. 1 ward dem Abt jede Theilnahme an der Wahl des Ammanns, sowie überhaupt eines weltlichen Beamten untersagt. Die Aufhebung der Jahrzeitzinse (Art. 4.) und der alten Kollaturrechte, die nunmehr an die Gemeinden übergingen (Art. 13. u. 19), schädigte schwer das Interesse des Klosters; ebenso die bedeutende Herabsetzung der Zehnten und sonstigen Abgaben (Art. 2, 3, 9, 10, 11, 12), sowie die Bestimmungen, dass die Jagd- und Fischereirechte und die Frevel- und Bussengelder ausschliesslich den Gemeinden zugehören sollen (Art. 12 u. 15). Durch Art. 5, der das Verbot der Novizenaufnahme enthält, wurde das Kloster vollends auf den Aussterbeetat gesetzt.

Unverkennbar spielte der Einfluss der Reformation bei Aufstellung des zweiten Artikelbriefes eine nicht unbedeutende Rolle, wie denn überhaupt Mass- und Rücksichtslosigkeit hauptsächlich da zu Tage treten, wo religiöse Motive mitwirken.³) Das ändert an der Thatsache nichts, dass jene Bestimmungen in erster Linie als staatsrechtlicher und politisch-socialer Natur zu bezeichnen sind. Sie sind nicht von heute auf morgen entstanden. Die oben besprochenen Conventionen von 1472, 1477 und 1517 zwischen dem Stift und dem Hochgericht Disentis, sowohl als die ewigen Reibereien der Churer Bischöfe mit den Unterthanen während des 15. Jahrhunderts bilden deutliche Stufen jener langjährigen Entwickelung, als deren natürliche Frucht die Ilanzer Artikel anzusehen sind. Von diesem Standpunkte aus kommt auch die Einstimmigkeit, womit dieselben von den protestantischen und katholischen Volksvertretern angenommen wurden, nicht so

---

¹) Acta und handlung des Gesprächs, so von allen Priesteren der Fryen Pündten im MDXXVI jar uff Mentag und Zynstag nach der heyligen III. Künigen Tag zu Ilantz im Graven Pundt uss Ansechung der Pundtsherren geschehen, durch Sebastianum Hofmeyster von Schaffhusen, 1526.

²) Siehe den Text des Artikelbriefes bei Jecklin, Urkunden Nr. 38, b. S. 89; Eidg. Absch. IV. 1. a. 947. — Vgl. dazu die Ausführungen bei W. Plattner, Entstehung der III Bünde, S. 277 ff.

³) Vgl. Art. 4. durch welchen die Jahrzeiten aufgehoben werden, weil »unser Vordren dardurch den Abgestorben gross Hülf und Fürdrung zu erlangen, ewige Selickayt zu thun vermaindt handt, des wir aber nit könend bericht werden.«

überraschend vor. Ein nennenswerter Widerspruch erfolgte nämlich im Bundestag nur von seite des damaligen Kastvogtes von Disentis, Gaudenz von Lombris, welcher gleich bei Verlesung des ersten Artikels in seinem und des Abtes Namen feierlich dagegen protestierte.[1]

Es ist ohne Zweifel ein stürmischer, fieberhafter Geist, der aus diesem Artikelbrief spricht, wenn wir auch andererseits mancher tiefgedachten, der Zeit weit vorauseilenden Bestimmung desselben unsere Bewunderung nicht versagen können. Wir müssen ihn eben als das erste Product des in hochwallender Begeisterung und gleichsam jugendlichem Uebermuth nach innerer Consolidation ringenden jungen Freistaates auffassen. Daher lautete manche Forderung strenger, als sie durchgeführt werden konnte und thatsächlich durchgeführt wurde. So durfte auch Abt Andreas bezüglich des Verbotes der Novizenaufnahme sich ohne Täuschung auf das billigere Urtheil einer späteren, ruhiger denkenden Zeit vertrösten.

Um übrigens, wenigstens scheinbar,[2] den rücksichtslosen Ton der Artikel abzuschwächen, wurde durch die letzte Bestimmung (Art. 20) ein Termin festgesetzt, innert welchem allfällige Reclamationen und Beschwerden entgegengenommen, und vor einem aus Vertretern aller drei Bünde zu wählenden Specialgericht geprüft und entschieden werden sollten. Ungleich wichtiger ist für uns die Bestimmung, welche in dem als nähere Erläuterung dem Artikelbrief beigegebenen Beibrief an dritter Stelle sich findet: „Zum dritten, so behalten wir vor, ob unser getrüw lieb Pundsgenossen von Tisentis im obren Gottshus etlich Verträg vor disen Artiklen oder hienach mit irem Herren satztend und vertrüegen, die selbigen lassen wir darby beliben."[3] Das Kloster Disentis erfuhr somit eine relativ schonende Behandlung, indem nicht blos die früher mit dem Hochgericht eingegangenen Verträge nicht aufgehoben, sondern auch die später einzugehenden vorbehalten werden. Ohne Zweifel geschah dies mit Rücksicht auf die hohen Verdienste, die das altehrwürdige Stift um Gründung und Entwickelung des Freistaates besass. Zudem ist der Umstand zu beachten, dass der zweite Artikelbrief, wie der erste, vor allem gegen die weltlichen Vorrechte des Bischofs von Chur gerichtet war, welcher infolge seiner etwas verwickelten Beziehungen zu Oesterreich und zur Grafschaft Tirol der ihre Freiheit mit peinlichster Sorgfalt bewachenden Republik gefahrbringend erschien.[4]

---

[1] Syn. 94.
[2] ut quemdam justitiae colorem temeritati suae praetexerent, bemerkt die Synopsis, p. 94.
[3] Jecklin, Urkunden p. 95; Eidg. Absch. IV, 1. a. 050.
[4] Eine charakteristische Illustration dazu bietet uns das, was Clemente (l. c. p. 13), allerdings aus etwas späterer Zeit, erzählt: Auf einer Visitationsreise des Bischofs Joseph Mohr (1627—35) weigerte sich in einer Gemeinde das

Die Folgen der Ilanzerartikel machten sich bald im ganzen Lande bemerkbar. Die Gemeinde Ems verweigerte darauf gestützt dem Kloster Disentis die seit uralter Zeit üblichen Zehnten; ebenso Fellers, das den Abt sogar vor das Gericht in Ilanz citierte.[1]) Dieser war nicht blind für den Ernst der Lage. Er entschloss sich zu einem Schritt von höchster Bedeutung. Um allen Reibereien mit dem Hochgericht zuvorzukommen, verkaufte er auf den Rath Schlegels und anderer Freunde am St. Gallentag 1526 die seit unvordenklichen Zeiten besessenen Rechte des Stiftes an Lehen, Huben (Ehrschatz), Fastnachthühnern und anderen Einkünften den Gotteshausleuten von Disentis für 1500 rhein. Gulden, wofür dieselben eine Schuld von 1000 Gulden an das Kloster St. Luzi in Chur, und eine andere von 500 Gulden an Uri übernahmen.[2]) Diese hochherzige That gehört mit zu den Factoren, welche bewirkten, dass das ganze Hochgericht Disentis treu beim Glauben der Väter verblieb, ja nicht einmal in ernste Gefahr eines Uebertrittes kam.

Den entgegengesetzten Ausgang nahm die Bewegung zu Waltensburg. Die Ilanzer Disputation mag in diesem etwa anderthalb Stunde von Ilanz entfernten Dorfe den nächsten Anlass zu religiöser Gährung gegeben haben. Es ist anzunehmen, dass der Ortspfarrer Jakob Cunzin, der in sittlicher Beziehung nicht im besten Rufe stand,[3]) der Disputation beigewohnt, und hier die reformierten Häupter Comander, Gallitius, Fabritius u. s. w. kennen gelernt habe. Kurze Zeit darauf (1526 oder 1527) trat er mit der Gemeinde zur neuen Lehre über. Den Uebertritt erzählt uns die hierin der Tradition folgende Synopsis: Als eines Tages der Pfarrer Jakob Cunzin in die dem hl. Leodegar geweihte Dorfkirche trat, rief er dem staunenden Volke in rätischer Sprache zu: „Oz messa e mai pli."[4]) Nach dem Amt wurde auf öffentlichem Platze „gemeindet", wobei die Mehrheit sich für die neue Lehre entschied und den bisherigen „Messpriester" zum Prädicanten umschuf.[5]) Mit einer Stimme lässt die spätere Volkssage diesen Beschluss siegen.

Volk, zum Empfange der hl. Firmung vor ihm in der Kirche niederzuknien. Es that dies erst, nachdem der Pfarrer als Landeskind geschworen hatte, dass dieser Akt rein religiöser Natur sei, und keine Gefahr für die Landesfreiheit dahinterstecke.

[1]) Syn. 94.
[2]) Urk. abgedr. bei Decurtins, Bundi, Beil. II. 1. c. p. 544. Vgl. Syn. 95, die dazu bemerkt: Praevidebat enim vir prudens in hac temporum difficultate, invalescentibus ubique haeresibus, monasteriales suos partim immodico libertatis amore, partim etiam Cathedralium — so werden die Gotteshausleute des Bischofs genannt — exemplo animatos, jura haec omnia per vim, nisi mature sibi mediocri pretio redimenda offerentur, justitia insuper habita, vendicaturos.
[3]) Presbyter mulierosus nennt ihn die Synopsis, p. 96.
[4]) »Heute Messe und nimmermehr!«
[5]) Syn. 96.

Dies beweist, dass die Neuerung nicht ohne jeden Widerstand vor sich ging Die katholisch gebliebenen Familien wanderten aus.

Es ist sicher nicht Zufall, dass im oberen Oberland jene einzige Gemeinde zur neuen Lehre übertrat, in welcher das Kloster Disentis einerseits die meisten herrschaftlichen Rechte, anderseits das Collaturrecht nicht besass. Die von Marmels, welche als derzeitige Herren zu Rüzüns, wie wir wissen, über den Kirchensatz von Waltensburg verfügten, waren der Reformation geneigt. Von dieser Seite hatte also der Waltensburger Pfarrer, der allem Anscheine nach die Seele der Bewegung bildete, nichts zu fürchten. Anderseits wird er, bei der Propaganda für die neue Lehre in seiner Pfarrei, die gänzliche Befreiung vom Disentiser Krummstabe als die erste Frucht der Reformation in Aussicht gestellt haben und diesem Umstand auch seinen Erfolg verdanken.

Diese Auffassung wird bestätigt durch das weitere Gebahren der Waltensburger. Nach dem Uebertritte schritten sie mit Berufung auf die Ilanzer Artikel zur eigenmächtigen Wahl des Ammanns, ohne den Abt als Lehensherrn zu begrüssen. Und die Zähigkeit und Anstrengung, womit sie den daraus entstandenen Process mit dem Abte durchführten, zeigt vollends, um was es sich bei ihnen in erster Linie handelte. Der Abt brachte die Angelegenheit auf dem Wege der Anklage vor das „unparteiische" Gericht zu Obersaxen, welches zu seinen Gunsten entschied. Die Waltensburger appellierten an die Fünfzehn. Auch das oberste Gericht des grauen Bundes bestätigte am 27. April 1527 zu Truns das frühere Urtheil und wies die Unzufriedenen zur Ruhe.[1]

Andreas de Falera überlebte nicht lange den Uebertritt seiner Unterthanen von Waltensburg. Er starb in der Nacht nach Basilius am 14. Juni 1528 eines plötzlichen Todes, tiefbetrauert von Convent und Volk. Den unerwartet raschen Hingang des Oberhirten glaubten die Conventualen einer Vergiftung von seite der „Illtretiker" zuschreiben zu müssen.[2] Zu einer solchen Annahme mag indes hauptsächlich der im folgenden Januar 1529 verübte Justizmord an Theodor Schlegel, eher als begründete Anhaltspunkte Anlass gegeben haben.

IV. Capitel.
Abt Martin II. Winkler, 1528—1536.

Am 2. August 1528 wählte der Disentiser Convent den bisherigen Prior Martin Winkler aus dem Schanfigg zum Nachfolger des Prälaten Andreas in der äbtlichen Würde. Der Name Winklers begegnet uns zuerst auf dem Wahlinstrument von 1512,

---
[1] Urk. abgedr. bei Decurtins, Landrichter Maissen, Beil. VI. 1. c. p. 414; Vgl. Syn. 90.
[2] Necrologium Disertinense, citiert bei Eichhorn, 240, und Van der Meer, 93.

welches er an letzter Stelle unterzeichnet.[1]) Daraus mag vielleicht geschlossen werden, dass er damals der jüngste unter den Conventualen war. Unter Andreas de Falera bewährte er sich, wenigstens äusserlich, als pflichtbewusster Religiose,[2]) weshalb er nach dem Ableben Johann Siglers zum Prior befördert wurde.[3]) Die Folgezeit sollte jedoch zeigen, dass der Convent sich in ihm gründlich getäuscht hatte, und seine Wahl zum Abte eine unglückliche und verhängnissvolle war.

Der Anfang der Regierung Winklers fiel in eine wild aufgeregte Zeit. Der Gegensatz zwischen den beiden Confessionen hatte sowohl draussen in der Eidgenossenschaft, als in den Bünden einen gefährlichen Höhepunkt erreicht. Während man aber dort auf das Drängen des Zürcher Reformators, dem dabei grossartige politische Pläne vorschwebten, sich zum offenen Kampfe rüstete, wurde hier auf dem Wege einer scheinbaren Gesetzlichkeit der Widerstand der Altgläubigen blutig erstickt. Theodor Schlegels Plan, nach einer vereinbarten Resignation Zieglers den Erzpriester Giovan Angelo Medici, den Bruder des gefürchteten und gehassten Mtisser Castellans Giangiacomo Medici, auf den Churer Bischofsstuhl zu erheben, verschaffte den Neuerern einen Anlass, um den Abt des Landesverrathes zu beschuldigen. Am 23. Januar 1529 starb dieser auf dem Blutgerüste zu Chur als Opfer seines Glaubenseifers und seiner Ueberzeugungstreue.

Der rasch aufeinander folgende Hingang der beiden katholischen Häupter bedeutete nicht bloss für St. Luzi und Disentis, sondern für die ganze altgläubige Partei in Bünden einen unersetzlichen Verlust. Diese war nunmehr eine Herde ohne Hirten. Denn es fand sich keiner, der, dem thatkräftigen Schlegel ebenbürtig, sich an die Spitze der katholischen Bewegung gestellt hätte, am wenigsten der Landesbischof, der ohnehin sich sicherer fühlte auf seinem festen Schlosse im Schatten der Tiroler Berge, als unter den Seinigen im bewegten Bündnerland.

Die Amtsperiode Winklers ist für das Stift Disentis eine Zeit des ökonomischen und disciplinären Verfalls. Letzterer ist vorab dem unwürdigen Oberhirten, ersterer zugleich auch der Missgunst der Zeitverhältnisse auf die Rechnung zu setzen. Denn das Land stand unter dem noch ganz frischen Eindruck der Ilanzer Artikel.

Aus dem angeblichen Grunde, dass die grosse Alp Nalps auf Tavetscher Gebiet durch Stiftung von Jahrzeiten an das

---

[1]) Aug. Stöcklin, citiert bei Van der Meer, 95. — Vgl. oben S. 89.
[2]) Eichhorn, 249, nennt ihn »vir specietenus pius et aemulator disciplinae.«
[3]) Eichhorn, 249. — In dem oben erwähnten Erblehensbrief des Klostermeierhofes zu Medels vom Jahre 1522 unterzeichnet sich Winkler bereits als Prior des Stiftes.

Kloster gekommen sei, wurde dieselbe von den Erben jener
Stifter wieder beansprucht.[1]) Der Klostervogt Konrad von Lombris
verfocht mit lobenswertem Eifer die Sache seines Herrn und
erwirkte vor dem Gericht zu Disentis im Februar 1529 das
Urtheil, dass genannte Alp gegen Entrichtung von 200 Gulden
an die Recurrenten des Stiftes Eigenthum bleiben soll; bei all-
fälligem Verkauf, Verpfändung oder Verpachtung der Alp soll
den letzteren ein Vorrecht vorbehalten sein.[2])

Das Verhältnis zwischen dem Stifte und der Gemeinde
Fellers war seit der Zeit, wo diese die Zehnten verweigert hatte,[3])
ein gespanntes. Martin Winkler brachte die Angelegenheit vor
das Bundesgericht, welches am 15. Juli 1529 zu Truns, an dem
üblichen Ort, die Entscheidung traf, dass „die drü quart des
grossen Korn zehenten, so denn dem gotzhus vom hern von
Fronberg (bei Ruschein ob Ilanz) begabt ist, und durch gotz
willen unseren lieben patronen vereret worden", für immer der
Gemeinde erlassen seien gegen eine Aversalzahlung von 650 Gulden,
womit Abt, Convent und der Kastvogt Ulrich Berchter, welcher
Konrad von Lombris kürzlich in diesem Amte gefolgt, einverstanden waren.[4])

Im April des folgenden Jahres 1530 löste Abt Winkler
einen ewigen Zins von 10 Schilling ab, welcher zu gunsten der
St. Martinskirche in Chur auf einem dem Kloster gehörigen
Hause daselbst haftete.[5]) Drei Jahre später ging er mit dem
Churer Bürgermeister Michael von Mont einen dem Stifte nach-
theiligen Vertrag ein, indem er demselben ein Haus des Klosters
zu Chur überliess, gegen Abtretung der Liegenschaft Quadras
bei Brulf im Disentiser Gebiet und verschiedener Zinse von
Gütern zu Funs (bei Disentis), zu Tavetsch und zu Truns. Ge-
nannte Güter rührten her von des Bürgermeisters Frau Margaretha
Berchter, der Tochter jenes Ulrich Berchter, den wir eben als
Kastvogt getroffen. Mag nun dieser im Jahre 1533 noch jenes
Amt innegehabt, oder bereits seinem Nachfolger Anton Turtengia,
der uns 1534 als Kastvogt entgegentritt,[6]) den Platz abgetreten

---

[1]) Als die eifrigsten zeigten sich dabei: Gaudenz von Mont, Herr zu
Löwenberg, Joh. Schmid von Ilanz als Vogt der Kinder von Balthasar von
Strada, Placidus von Pontaningen und Nicolaus Wiezel als Vormund seiner
Schwester Katharina, »omnes pestilenti Zwinglii lue afflati.« Syn. 97 f.
[2]) Syn. 98. — Reg. v. Dis. 282, gibt fälschlich das Jahr 1527 an.
[3]) S. oben p. 50.
[4]) Urk. im Arch. Fellers, Auszug in Reg. v. Dis. 284.
[5]) Syn. 99.
[6]) In einem Erblehensbrief des Hofes Grappa bei Ringgenberg, der ausserdem vom Abt und vom actuellen Ammann Lorenz Vincenz unterzeichnet ist.
Urk. im Archiv Ringgenberg. — Turtengia existiert als Familienname nicht mehr,
wohl aber als Flurname in der Nähe von Disentis. Für den Bündner Historiker

haben, es liegt offenbar näher, in jenem Tauschvertrag, der ohne Befragung und Zustimmung des Capitels geschehen sein soll, ein Werk des genannten Berchter zu erblicken, als eine beabsichtigte Begünstigung der Protestanten von seiten des Abtes, wie die Klosterchronisten anzunehmen geneigt sind.[1]) Diese haben offenbar aus der wenige Jahre später erfolgenden Apostasie des Abtes auf seine früheren Handlungen einen Rückschluss gezogen. Wie wir gleich sehen werden, sind jedoch bei Winklers beklagenswertem Schritt Motive durchaus minderer Natur entscheidend gewesen.

Damit kommen wir auf das verhängnisvollste Ereignis unserer Epoche zu sprechen. Im April des Jahres 1536 verliess Abt Martin Winkler mit drei Conventualen das Kloster und den Glauben der Väter. Die Umstände, unter denen der Uebertritt des Abtes geschah, zeigen, dass dieser bei ihm nicht so fast die That der Ueberlegung und Ueberzeugung, als vielmehr der Schwäche und des Zwanges war. Als es nämlich bekannt wurde, dass Winkler seit längerer Zeit mit einer Weibsperson ein unerlaubtes Verhältnis gepflogen hatte, zwangen ihn die Verwandten derselben unter Androhung des Todes, sie zur Ehe zu nehmen. Damit war der Abfall entschieden.[2])

So erzählen uns die Klosterchronisten. Dieser Auffassung entspricht des Exabtes spätere Lebensstellung. Der Disentiser Prälat, von dem man annehmen sollte, er hätte in der rätisch-evangelischen Synode zu Einfluss und Ansehen gelangen können, zieht sich von aller öffentlichen Thätigkeit zurück. Er lebt zu Ilanz als Bauer und versieht nebenbei die Stelle eines Dorfschulmeisters.[3]) Diese gänzliche Passivität Winklers wird auch der Grund sein, warum er von sämmtlichen rätischen Chronisten mit Stillschweigen übergangen wird. Ja nicht einmal der geschwätzige Rosius a Porta würdigt in seinem breit angelegten Werke den Apostaten eines Wortes. Winklers Todesjahr ist daher unbekannt.

---

ist die Erforschung von Orts- und Flurnamen eine Quelle interessanter Resultate. Darauf wies besonders Prof. Muoth in Chur hin in seiner Schrift: Ueber Bündnerische Orts- und Geschlechtsnamen, Beil. zum Programm der Kantonschule Chur, 1892 und 1893.

[1]) Syn. 100, die übrigens das Jahr 1532 angibt; Van der Meer, 05; Eichhorn, 249.

[2]) »Diser armselige Herr henkte sich an ein Weib, die ward bei im in seiner Cammer ergriffen. Darauf des Weibes Freundschaft inne gezwungen, sie zu der Ehe zu nemmen, oder da sein Leben zu lassen. Dem armseligen man war das zeitlich Leben lieber dann sein eigne Seel, nam sie zu der Ehe, apostatiert, zug gen Ilantz im Jar 1536. Da er noch viel Jar mit dem Weib gelebt, das Paurenwerckh getrieben.« Bundi l. c. p. 355. — Ganz der Darstellung Bundis folgt Stöcklin, citiert bei Van der Meer, 95 und Eichhorn, 249.

[3]) Cuorta Mem. p. 222.

Nur so viel steht fest, dass er 1550 noch lebte, da in diesem Jahre die Pension, die er vom Kloster bezog, durch eine Aversalzahlung abgelöst wurde.

Anders verhält es sich bei den gleichzeitig mit dem Abte zur neuen Lehre übertretenden drei übrigen Disentiser Conventualen Fabritius (Johann Schmid), Piscator (wohl ein „Fischer") und Donatus. Ersterer erhielt die bedeutende Pfarrei Davos, wo er noch 1578 als Pastor wirkte, Piscator wurde Pfarrer zu Hohentrins, Donatus kam in gleicher Eigenschaft nach Milta (?).[1]

Der Uebertritt Winklers und seiner Mönche ist für den Disentiser Historiker auch deswegen von trauriger Denkwürdigkeit, weil bei diesem Anlasse eine Menge alter Schriften und Documente dem Stifte entfremdet wurden. Darunter nennen Van der Meer und Eichhorn[2] insbesondere das sog. goldene Diplom Karls des Gr., welches dem Stifte die freie Abtswahl bewilligte, die Urkunde Heinrichs III. vom Jahr 1048, ferner ein Verzeichnis (Pancharta) aller Rechte und Privilegien des Stiftes und den Pergamentcodex, von dem früher die Rede war.[3] Der Umstand, dass letzterer nachmals im Besitze von Johann Fabritius zu Davos sich befand, wo Campell ihn für seine rätische Geschichte benützte,[4] berechtigt uns zur Annahme, dass nicht Winkler — dagegen spricht schon die ganze Art und Weise seines Uebertrittes — sondern vielmehr eben jener Fabritius, der auch der geistig begabteste unter den übergetretenen Conventualen zu sein scheint, als Haupturheber des Handschriftendiebstahls zu bezeichnen ist.

Die Apostasie des Jahres 1536 bildet das schwärzeste Blatt Disentiser Geschichte, wie denn auch alle Klosterchronisten das Ereignis mit Entrüstung berichten.[5] Die Folgen für die Abtei mussten traurige sein, und sie hätten noch verhängnisvoller werden können, wenn nicht damals das altgläubige Bewusstsein im oberen Oberland ein starkes gewesen wäre. An der Spitze des Hochgerichts Disentis standen überzeugungstreue Katholiken. Wir erinnern an die von Lombris, Berchter, Deflorin. Das Hochgericht pflog enge Beziehungen mit den Glaubensgenossen

---

[1] Van der Meer, 96; Eichhorn, 250. Wo ein Ort Milta liegt oder gelegen hat, konnten wir nicht ermitteln. Vielleicht liegt ein Schreibfehler vor.

[2] l. c.

[3] S. oben S. 480.

[4] Quellen zur Schweizer Gesch. VII, 25.

[5] Spectaculum id erat sanguineis lacrimis dignum, dum cerneres Abbatem quondam Desertinensem S. J. R. Principem, iam rusticum misellum pro Pedo Pastorali tridentem cum uxore tractantem; unde Desertina nostra, quae hactenus per tot saeculorum decursum magistra pietatis, nutrix Sanctorum et viridarium virtutum gloriose audierat, nunc tantam infamiae notam ab impiis Apostatis ac perfidis desertoribus sibi inustam sustinere cogebatur. Van der Meer. 96.

jenseits der Oberalp, mit denen es zudem in wirtschaftlicher Hinsicht vielfach verbunden war.¹) Wir machen daher auch die Wahrnehmung, dass von nun an Disentis und der obere Bund überhaupt durchweg mehr die Politik der Waldstätte theilen, als die der zum Protestantismus hinneigenden zwei anderen Bünde. Dies zeigt sich zum erstenmal deutlich zur Zeit des zweiten Kappeler Krieges.

Gemäss dem Bundesverhältnis hatten die Bündner im Jahre 1531 von Zürich aus die Mahnung um Zuzug erhalten. Die Gemeinden des oberen Bundes scheinen sich wenig daran gekehrt zu haben; sie waren vielmehr bestrebt, die Fünfürtischen, welche übrigens ein gleiches Recht der Mahnung hatten und von diesem Rechte auch wirklich Gebrauch machten,²) mit Proviant zu unterstützen. Deshalb kam Ende August 1531 ein Schreiben aus Zürich an die Bünde mit der Weisung, von der Unterstützung der katholischen Orte abzulassen; ganz besonders solle dies in Disentis und Misox beachtet werden.³) Es nützte nichts. Noch in der Nacht vor dem 11. October, dem Entscheidungstage bei Kappel, schreibt Seckelmeister Hans Edlibach, der eifrige Werber von Bündner Truppen, von Rüti aus an den Bürgermeister von Zürich, die Sache in den Bünden stehe im allgemeinen gut, dagegen sehe er sich veranlasst, wegen der Feinde zu Misox, Disentis und am Rhein noch diese Nacht hinaufzureiten.⁴) Der zweite Landfrieden war dann vollends geeignet, hüben und drüben die katholische Sache mächtig zu befestigen.

So standen im Oberland die Verhältnisse, als der Uebertritt des Disentiser Abtes und seiner Gesinnungsgenossen sich vorbereitete und abspielte. In zielbewusster consequenter Politik griff die Obrigkeit zu Disentis in den Gang der Ereignisse. Wir erfahren daher nichts von einer Einmischung der Churer Prädicanten, die ohne Zweifel diese Gelegenheit nicht verpasst hätten, wenn

---

¹) Der leicht gangbare Oberalppass ermöglichte einen gegenseitigen regen Verkehr. Das obere Rheinthal bezog vielfach von dort her die Lebensmittel. Als auf einer Conferenz der 4 Orte zu Luzern vom 25. Sept. 1578 Uri gemahnt wurde, die Ausfuhr von Korn und Wein zu verhindern, antwortete es, es komme vor, dass Leute vom oberen Bund, von Disentis und Tavetsch, auf die Märkte kommen, Korn kaufen und es auf ihrem Rücken mit grosser Mühe heimtragen, und dies könne man ihnen gemäss den Bünden nicht wehren. Eidg. Absch. IV. 2. 607. — Andererseits wurden die Alpen des Klosters — hauptsächlich zu Tavetsch — oft an Gemeinden der katholischen Orte verpachtet. So wissen wir, dass im Jahre 1543 sogar das entlegene Horw (bei Luzern) eine Alp des Klosters in Pacht hatte. Eidg. Absch. IV. 1. d. 250.

²) Eidg. Absch. IV. 1. b. 1181.

³) Strickler, Actensammlung zur Schweiz. Ref.-Gesch. I, 1237. Vgl. dazu den Brief Comanders an Zwingli vom 25. Juli 1531, bei Schuler und Schulthess, Zwinglii opera, VIII, 626.

⁴) Eidg. Absch. IV. 1. b. 1179.

dabei noch etwas zu gewinnen gewesen wäre. Hatte ihnen ja der Fall des Stiftes zu Klosters im Prätigau deutlich gezeigt, wie sehr ein solches Ereignis auch auf das Volk der Landschaft zurückzuwirken im Stande ist.

Der Disentiser Convent zählte nun nur noch wenige Mitglieder, unter denen zwei hervorragten, der greise Prior Martin de Valvera und der gelehrte Jodokus Kreyer. Diese besassen jedoch die nöthige Kraft nicht, um die Apostaten zur Verzichtleistung auf die Rechte am Stifte zu bewegen. Dies gelang erst mit Hilfe der Obrigkeit, an die das Stift sich bittend gewendet. Dem Exabte wurde für endgiltige Resignation eine jährliche Pension an Geld und Früchten zugesichert, die durch beiderseits aufgestellte Richter zu bestimmen wäre.[1]

Das Stift war gerettet, aber um einen hohen Preis. Es befand sich nunmehr in Händen des Hochgerichtes, welches bald hernach das Recht der Abtswahl an sich zog und es thatsächlich nahezu hundert Jahre ausübte.

V. Capitel.
Abt Jodokus Kreyer, 1536—1537.

Welcher Antheil an der Wahl des Abtes Jodokus Kreyer dem Disentiser Magistrate zufiel, ist nicht klar ersichtlich. Die Bundi'sche Chronik und Stöcklin nennen Martin Winkler den letzten rechtmässig. d. h. nach den canonischen Regeln vom Convente gewählten Abt. Richtiger ist der Bericht der übrigen Klosterchronisten, welche Jodokus Kreyer als in canonischer Wahl „ex gremio assumptus", wie der übliche Ausdruck lautet, bezeichnen. Wohl musste aber die Zustimmung der Obrigkeit nachgesucht werden.[2]

Jodokus Anselmus Kreyer[3] stammte aus dem kleinen Dorfe Ruschein ob Ilanz. Ueber seine Familie ist nichts näheres bekannt.[4]

---

[1] Van der Meer, 98.

[2] Assentiente Disertinae senatu, Syn. 102. — Der Bericht Stöcklins (Brevis Chron. Nr. 60 u. 61) beruht auf der falschen Annahme, dass Kreyer, wie die späteren von der Obrigkeit eingesetzten Aebte, Weltgeistlicher gewesen sei, ein Irrthum, der aus des Chronisten bekannter Voreingenommenheit gegen die »intrudirten« Aebte im Zusammenhang mit der Thatsache, dass der Magistrat bei der Wahl dieses Abtes in der That mitwirkend gewesen, zu erklären ist. — Die diesbezügliche Notiz bei Bundi (l. l. c. p. 353, Anm.) ist nicht von ihm selbst, sondern späterer Zusatz des von der Stöcklin'schen Auffassung beeinflussten Fortsetzers. Vgl. oben S. 5.

[3] Der Name variiert vielfach; statt Jodokus kommt die contrahirte Form Jos, neben Anselm die Form Sialm, neben Kreyer die Form Krieger vor. S. Reg. v. Dis. Nr. 291; Leu, Lex. VI, 124; Bundi 350. Vereinzelt steht die Angabe Van der Meers, p. 98: qui ab aliis etiam vocatur Ardyser.

[4] Die vornehmste Quelle, die darüber Aufschluss geben könnte, das Kirchen- und Gemeinde-Archiv zu Ruschein ging beim Brande des Dorfes vom 22. Sept. 1629 zu Grunde. Das vorhandene Taufbuch beginnt erst mit 1724.

Der talentvolle junge Mann wurde zur höheren Ausbildung nach Paris gesandt, wo er den Grad eines Baccalaureus der hl. Schrift sich erwarb.[1]) Wir wissen nicht, ob dies vor oder nach seinem Eintritt ins Kloster geschehen ist. Zum erstenmal tritt uns Jodokus Krever entgegen als Mitglied jenes Dreiercollegiums, welches 1512 die Wahl Andreas' de Falera vollzog.[2]) Schon dieser Umstand weist auf die bedeutendere Stellung hin, welche er unter den Aebten de Falera und Winkler im Disentiser Convente einnahm. An die Spitze des Häufleins berufen, berechtigte er zu den besten Hoffnungen.

Vorerst nahm jedoch eine etwas unerquickliche äussere Angelegenheit des Abtes Thätigkeit in Anspruch. Im Januar 1537 kamen die Anstände, welche schon seit längerer Zeit wegen der Besetzung des Landrichteramtes zwischen der Gemeinde Waltensburg einerseits, den Herren von Räzüns und dem Abte von Disentis andererseits gewaltet hatten, zur endgiltigen Erledigung, allerdings nicht ganz nach Wunsch des letzteren. Wir kommen in anderem Zusammenhange ausführlicher darauf zu sprechen.

Nun war die Hebung des gesunkenen Stiftes und die Wiederherstellung des erschütterten Rufes desselben des Abtes einziger Gedanke. So hoffte er auch, gegen die in steter Fortentwickelung begriffene Reformation erfolgreich Stellung nehmen zu können. Aber ein früher Tod riss ihn mitten im Schaffen hinweg. Tiefbetrauert von allen, denen das Wohl der Abtei am Herzen lag, starb er am 30. December 1537 nach einer Regierung von anderthalb Jahren.[3])

VI. Capitel.
Die vom Hochgericht eingesetzten Aebte Leonhard Feurer, Paul Nicolai und Lucius Anrich, 1538—1566.

1. Abt Leonhard Feurer, 1538.

Im Januar 1538 berief die Disentiser Obrigkeit, allem Herkommen und den canonischen Regeln zuwider, den Churer Canoniker Leonhard Feurer als Abt nach Disentis. Nur ungern und zögernd verstand sich der schon betagte Mann zur Uebernahme der zweifelhaften Würde, während die wenigen Conventualen mit dem Prior Martin de Valvera zum Vorgehen des

---

[1]) Bundi, 356.
[2]) S. oben p. 39.
[3]) Piissimus hic Abbas praeclaris illis, quae pro Dei gloria et fide orthodoxa conservanda labore incredibili moliebatur, operibus, praemature immortuus est, nec prius labenti in Rhaetiis fidei succollare, quam vivere desiit. Van der Meer, 100.

Magistrats ihre Zustimmung geben mussten.[1]) Feurer war auch keineswegs die geeignete Persönlichkeit, um dem verfallenden Disentiser Stifte neue Lebenskraft zu verleihen. Von friedfertiger, ruhiger Charakteranlage liebte er ein möglichst ungestörtes Leben und kümmerte sich wenig um die Geschäfte seines Amtes.[2]) Zudem hatte ja der Kastvogt die meiste Gewalt in Händen. Dieser prekären Lage überdrüssig, vielleicht auch beunruhigt wegen der uncanonischen Wahl, entsagte Feurer schon nach 7 Monaten im August 1538 der Abtswürde und kehrte nach Chur zurück.[3])

In die Regierungszeit dieses Abtes fallen ein paar Handlungen administrativer Natur, die hier erwähnt sein mögen. Im Februar 1538 verpachtete der Abt die Alp St. Maria auf dem Lukmanier für 12 Jahre an Bewohner des Blegnotals mit Vorbehalt gewisser Rechte des daselbst gelegenen Hospizes.[4]) Es geschah dies mit Rath des Ammanns Martin Martinut, des Landrichters Gaudenz von Lombris, des Nicolaus Wiezel, Anton Turtengia — vielleicht damals noch Kastvogt — und anderer Magistratsmitglieder.[5]) Unter dem 7. desselben Monats und Jahres wurden durch die genannten verschiedene dem Kloster zuständige Lehensgüter zu Brigels an dortige Landleute verliehen.[6]) Kurz darauf, noch im nämlichen Jahre, fand durch einen zweiten Lebensbrief eine Steigerung der Zinse von den erwähnten Gütern statt.[7])

Brigels (rätorom. Breil) nahm unter den Gemeinden — Nachbarschaften, vischnauncas — der Cadi eine Art Sonderstellung ein. Von alters her waren daselbst zahlreiche Freie ansässig, die ein etwas selbständiges Auftreten liebten. Im Jahre 1533 begann mit Zustimmung der Gemeinde und ohne den Abt als Patron und Collator anzufragen, der dortige Pfarrer Jakob Anrich ein neues Jahrzeit-

---

[1]) invitus invitis abbas obtrusus fuit. Eichhorn, 251.
[2]) Eichhorn, 251; Van der Meer, 101.
[3]) Die Angabe Buccelins (Rhaetia sacra et profana, p. 334) und der ihm folgenden Synopsis (p. 105), Eichhorn (p. 251) und Van der Meer (p. 101), dass Leonhard Feurer noch im gleichen Jahre am 31. Dec. gestorben sei, scheint nicht richtig zu sein. Denn unser Exabt, dessen Name bei den Klosterchronisten zwischen den Formen Feurer, Fierer, Fürer variirt, ist wohl identisch mit jenem Canoniker Leonhard Furer, der in der Wahlurkunde des Bischofs Thomas Planta vom 21. Dec. 1540 genannt ist. S. Fr. Fetz, Die Schirmvogtei des Hochstiftes Chur und die Reformation, in: ‹Kath. Schweizer-Blätter›, VII (1865) S. 278, Anm. 2.
[4]) Syn. 104.
[5]) Syn. l. c — Irrig ist die Angabe Eichhorns, p. 251 und Van der Meers, p. 101, wonach Feurer die betreffende Alp für 560 fl., ›quod pretium vix unius anni censum ex dictis alpibus fluentem adaequasse dicitur‹, endgiltig verkauft hätte. Der Verkauf fand erst 1572 statt.
[6]) Doc.-Copierbuch im Klosterarchiv Disentis, p. 35; Syn. 104.
[7]) Doc.-Copierbuch im Kloster Disentis, p. 37.

und Urbarbuch anzulegen, in welche er die alten Jahrzeiten und
Einkünfte der Pfarrei, Kaplanei, der Kirchen und Kapellen übertrug;
dabei ging er, wie der Chronist klagt, ziemlich willkürlich
zu Werke, indem er manches änderte, manches sogar cassierte.[1])
Der Einfluss der Ilanzer Artikel ist hier wiederum bemerkbar.
Drei Jahre später, 1536, fand ein engerer Anschluss der Brigelser
Freien an Disentis statt, dadurch, dass sie zu Gotteshausleuten
aufgenommen wurden.[2]) Auch in dieser Stellung wurde der
Gemeinde Brigels eine gewisse Bevorzugung zu theil, indem sie
durch Entscheid der Fünfzehn vom 2. Mai 1542 ein eigenes,
das sog. Statthaltergericht zuerkannt erhielt. Die Competenz desselben
ging bis zu 100 Land- oder 37 rhein. Gulden. Es bestand
aus 12 Mitgliedern, darunter den 3 Hochgerichtsgeschwornen,
mit dem Statthalter (rätoroman. Cauvitg [Cuitg], Dorfeshaupt) an
der Spitze. Letzterer wurde ursprünglich vom Disentiser Ammann,
später von der Brigelser Knabenschaft[3]) gewählt. Nach einer
weiteren Entscheidung des Bundesgerichts vom 29. April 1562
mussten „Brief und Siegel", also die auszufertigenden Urtheile
vom Ammann in Disentis geholt werden, und hatten zu diesem
Zwecke die Parteien mit dem Statthalter daselbst zu erscheinen.[4])
Die Einrichtung bestand bis zur neuen Cantonsverfassung von 1854.

2. Abt Paul Nicolai, 1538—1551.

Nach der Resignation Leonhard Feurers wurde durch die
Obrigkeit des Hochgerichtes der Weltgeistliche Paul Nicolai,
Bürger und derzeitiger Pfarrer von Somvix, zum Abte von
Disentis ernannt. Dieser wird von der Synopsis als frommer und
kluger Mann bezeichnet, der, wenige Fälle ausgenommen, die
Pflichten seines Amtes mit Auszeichnung erfüllt habe.[5]) Nicolai
mag mit den besten Absichten den neuen Posten angetreten
haben; aber die ganze Lage der Dinge, wie sie uns hinlänglich
bekannt ist, war nicht dazu angethan, einen Aufschwung des
Stiftes zu begünstigen. Die Nachwirkung der Ilanzer Artikel und

---

[1]) Breve Chron., 23. Die von Pfarrer Anrich begonnenen Anniversar- und
Urbarbücher sind noch im Kirchenarchiv zu Brigels vorhanden.

[2]) Urk. im Kirchenarchiv Brigels; 109 freie Personen sind darin mit
Namen angeführt.

[3]) Ueber die culturhistorisch sehr interessante, im rätoromanischen Oberlande
unter etwas veränderter Gestalt bis auf heute erhaltene Institution der
Knabenschaft (compagnia de mats) vgl. Andr. v. Sprecher, Gesch. der Republik
der 3 Bünde im 18. Jahrh. II, 306 ff., und Christ. Christoffel, Las societats de
mats e lur dertgiras nauschas, in: Annalas della Societat Rhaetoromanscha.
12. Annada, 1898.

[4]) Wagner, Rechtsq. p. 23; siehe dazu Sprecher, Rhetische Cronica (1672),
p. 252; Syn. p. 106 u. 110.

[5]) Etsi illegitima saecularium auctoritate assumptus, omnes tamen optimi
abbatis numeros, si pauca excipias, explevit. Syn. 105.

die vollendete Vormundschaft durch das Hochgericht, welcher ja
Nicolai selbst seine Erhebung verdankte, stellten Hindernisse entgegen, zu deren Ueberwindung eine ausserordentliche Thatkraft
nöthig gewesen wäre, über die der neue Abt nicht verfügte.
Gerade diesen misslichen Umständen müssen wir auch vorzugsweise die Schuld beilegen an den Veräusserungen von Klostergütern, welche wiederholt während Nicolai's Regierung vorkamen
und diesem Abte von den Chronisten zum schweren Vorwurf
gemacht werden.[1])

In Betracht kommt da vorab der Verkauf des Schlosses
St. Jörgenberg und der Zehnten zu Waltensburg in den Jahren
1539 und 1540. Die Herrschaft St. Jörgenberg, d. h. vor allem
die Gemeinde Waltensburg, gab überhaupt von Anfang an dem
Kloster viel zu schaffen und blieb durchweg dessen Schmerzenskind. Wir halten es für geboten, an dieser Stelle im Zusammenhang näher darauf einzutreten.

Der mehr oder minder allgemein vorhandene Gegensatz
zwischen Gemeinde- und Herrschaftsrechten wurde zu Waltensburg verschärft durch den seit 1527 hinzugetretenen religiösen
Gegensatz. Zudem konnte die Zwitterstellung, welche Waltensburg
zwischen Disentis und Rüzüns einnahm, leicht zu Misshelligkeiten
führen.

Es wurde bereits bemerkt,[2]) dass beim Ankauf jener Herrschaft durch den Abt (1472) verschiedene Rechte vorbehalten
blieben, welche in der Folge von dem jeweiligen Inhaber von
Rüzüns ausgeübt wurden. Auch noch in anderer Weise dauerte
nach dem Uebergang an Disentis für Waltensburg der Zusammenhang mit Rüzüns fort. Die Gerichte Obersaxen und Tenna, die bisher
mit der Herrschaft St. Jörgenberg verbunden und durch den daselbst
residierenden Rüzünser Vogt verwaltet worden waren, blieben im
Kaufvertrag von 1472 ausgeschlossen. Betreffs Obersaxen wurde
noch im nämlichen Jahre zwischen dem Stift und Rüzüns vereinbart, dass dieses Gericht, wie bisher üblich, seine Gefangenen
zu St. Jörgenberg einsperren lassen könne; dass ferner die Herrschaft Rüzüns auch weiter das Recht habe, die Abgaben der
Leute von Obersaxen, welche dieselben nach Inhalt ihrer Briefe
nur im Schloss zu St. Jörgenberg abzuliefern verpflichtet waren,
dort in Empfang zu nehmen, und dass ihr zu diesem Zwecke
„ein Kammer oder Spicher" daselbst zur Verfügung stehen solle.[3])

---

[1]) Temporali monasterii damno natus, cuius bona pro lubitu permutavit
et alienavit. Eichhorn, 251; darauf bezieht sich auch das mildere: »si pauca excipias«, in oben citierter Stelle der Synopsis.

[2]) Siehe oben S. 33.

[3]) Urk. im Innsbrucker Copialbuch Nr. 15 in der Cantonsbibl. Chur. Vgl.
dazu B. Vieli, Die Herrschaft Räzüns bis 1497, p. 140.

Zuerst entstanden mit der neuen Herrschaft Anstände wegen der „Freveln und Bussen". Um solchen für die Zukunft vorzubeugen, wurden an Mitfasten 1479 im sog. Kererbriefe von Waltensburg genaue, die Strafgelder regelnde Bestimmungen aufgestellt.[1] Doch schon im folgenden Jahre 1480 sehen wir den Abt und die Waltensburger vor dem Gerichte der Fünfzehn mit einander rechten. Ersterer beanspruchte ein Alprecht zu Waltensburg, da das Schloss daselbst gleich anderen Häusern das Recht habe, das Vieh in die Alpen der Gemeinde zu treiben. Die Waltensburger erwiderten und beschworen, dass das Schloss jenes Recht nie ausgeübt habe, worauf der Abt mit seinen Ansprüchen abgewiesen wurde.[2] Ebenso fiel 10 Jahre später gegenüber denen von Ilanz und von der Grub der Entscheid zu Ungunsten des Abtes aus, als dieser das Fischereirecht im Gebiete von St. Jörgenberg ausschliesslich für sich in Anspruch nahm. Jene behaupteten, der Rhein sei von alters her frei gewesen mit der Beschränkung, dass sie von St. Michael bis Martini, während welcher Zeit die Herren „die rach schlagend", nur mit der Schnur fischen dürfen. Das Urtheil erkannte denn auch, die von der Grub mögen in dem Gebiete von St. Jörgenberg das ganze Jahr „mit allem gezüg damit man fischen kann oder mag", fischen, mit Ausnahme der Zeit von Maria Geburt bis Martini, während welcher sie sich nur der Federschnur bedienen dürfen. Damit soll aller Unwille und Feindschaft abgethan sein.[3] Dies hinderte jedoch nicht, dass die gleiche Angelegenheit noch mehrmals die Gerichte des Oberlandes beschäftigte.[4]

Weiteren Anlass zu Zwistigkeiten gab der Umstand, dass beim Uebergang der Herrschaft St. Jörgenberg an Disentis nichts Bestimmtes festgestellt worden war über die Zugehörigkeit derselben in Bezug auf die Wahl des Landrichters und die Vertheilung der Veltliner Aemter, welche von den drei Hauptherren des grauen Bundes, dem Prälaten von Disentis, den Herren von Räzüns und von Sax in abwechselnder Reihenfolge vorgenommen wurden. Im Jahre 1493 beschwerte sich Waltensburg vor dem Gerichte zu Ilanz darüber, dass der Abt seit Erwerbung der Herrschaft keinen aus ihrer Mitte zum Landrichteramte vorgeschlagen hätte, wiewohl dies der Herr von Räzüns, wenn die Reihe an ihn gekommen, stets gethan. Das Gericht trat auf die Klage nicht ein, sondern be-

---

[1] Abgedr. bei Decurtins, Landrichter Maissen, Beil. VI, l. c. p. 413. Muoth, Die Herrschaft St. Jörgenberg in: Bündner-Monatsblatt 1881, p. 160. Wagner Rechts… p. …

[2] … Nr. 220.

[3] … Stadtarchiv Ilanz: Auszug in Reg. v. Dis. Nr. 231.

[4] Vgl. den Vereinsbrief des Gerichtes Obersaxen vom Mittwoch nach Michaeli … bei Decurtius, Maissen, l. c. p. 416.

gnügte sich damit, durch Zeugen constatieren zu lassen, dass Graf Jost Nikolaus von Zollern mit all seinen Leuten, somit auch als Inhaber von St. Jürgenberg, in den grauen Bund aufgenommen worden sei.[1]) Der „Landrichterstreit" war jedoch damit nicht abgethan, sondern dauerte noch Zahrzehnte fort. Der Uebertritt der Waltensburger zum Protestantismus und ihr missglungener Versuch, das Recht der Ammannswahl an sich zu bringen (1527),[2]) waren nicht geeignet, die Gemüther zu versöhnen. Am 30. April 1535 wurde durch Landrichter Hans von Jochberg und die Fünfzehn zu Trums ihr Begehren von neuem, wenn auch nur aus formellen Gründen, abgewiesen. Sie sollten zuerst den Nachweis erbringen, dass die Herren von Rüzüns früher wirklich jemand aus ihrer Herrschaft zum Landrichteramte vorgeschlagen hätten. Zwei Jahre später kam, wie wir wissen, unter Abt Jodokus dieser von den Waltensburgern mit Ausdauer und Consequenz betriebene Rechtsstreit durch ein vom Bunde und dem Ilanzer Gerichte bestelltes Schiedsgericht zum Abschluss. Das Urtheil lautete, es soll der Herr zu Rüzüns, „wann es in seiner noth ist", zur Besetzung des Landrichteramtes vier Männer vorschlagen — unter diesen entschied die Stimmenmehrheit — nämlich zwei aus dem Gerichte Rüzüns, einen aus Obersaxen und einen aus Waltensburg. Waltensburg hatte somit seinen Willen erreicht. Der Entscheid war insofern von grösserer Tragweite, als hiedurch auch protestantischen Vertretern der Zutritt zur höchsten Stelle im grauen Bunde ermöglicht und rechtlich zuerkannt wurde. Daher gaben der Abt und sein Dienstmann Konrad von Lombris erst auf wiederholtes Mahnen von seiten des Bundes und derer von Waltensburg dazu ihre Einwilligung; „doch ihren Lehen zu St. Jürgenberg laut Brief und Siegel ohne Schaden." So geschehen zu Ilanz am 24. Januar 1537.[3])

Mit dem eben genannten Vorbehalt der Rechte und Besitzungen des Stiftes mochten es freilich die Waltensburger nicht so gar genau nehmen. Die zwar in den Formen des Rechtes durchgeführte, aber dennoch etwas Gewaltsames enthaltende Aufhebung sämmtlicher Herrschaftsrechte des Churer Bischofs zu Ilanz, Grub, Lugnez, Vals und Flims für die Summe von 1800 fl. (April 1538)[4]) ist charakteristisch für unsere Zeit, und musste auf die Nachbarn von Wirkung sein. Dies bemerken wir denn

---

[1]) Reg. v. Dis. Nr. 241.
[2]) S. oben S. 50 f.
[3]) Deflorin'sche Doc.-Sammlung, p. 710. Auszug in Reg. v. Dis. Nr. 291. — Die Synopsis, p. 103, Eichhorn, p. 251 und Van der Meer, p. 99, geben den 14. Januar an. — Vgl. über den ganzen Process auch Muoth, l. c. p. 78. f.
[4]) Urk. im Stadtarchiv Ilanz, Nr. 106. Vgl. Campell, Hist. Raet., Quellen zur Schweiz. Gesch. VIII, 520.

auch bei den bereits oben angedeuteten, Waltensburg betreffenden
Verträgen, welche der eben jetzt zur Regierung gelangte Abt
Nicolai mit Einwilligung von Convent und Magistrat abschloss.
Im Mai 1539 überliess er das alte Schloss St. Jörgenberg sammt
allem Zubehör, sowie die Güter bei Gyrs und die Gadenstatt
Starpuns auf Ruisergebiet an Mathias de Rungs von Waltensburg
und dessen Erben tauschweise gegen Abtretung des kleinen
Maiensässes Valentin zu Disentis und eine Summe von 500 fl.,
die durch eidliche Schätzung von den Gebrüdern und Altlandrichtern Gaudenz und Konrad von Lombris und Landammann
Martin Martinut festgestellt worden war.[1]) Des weiteren verpflichtete sich der neue Besitzer, die dem hl. Georg geweihte
Schlosskapelle auf seine Kosten zu erhalten und in Ehren haben
zu wollen.[2]) Zu gunsten dieser sehr alten Kapelle[3]) musste, wie
aus dem Kaufbrief von 1472 ersichtlich, „ain schilling an wert
korn" aus den Zehnten von Waltensburg abgeliefert werden.

So augenscheinlich einerseits der Verkauf des Schlosses
St. Jörgenberg den fortschreitenden Niedergang des Stiftes bezeichnet, ebenso ermuthigend wirkte er anderseits auf die Unterthanen daselbst. Am 23. Januar 1540 trat denn das Stift alle Rechte
an dem grossen und kleinen Zehnten, so wie dieselben von den
Grafen von Zollern erworben worden waren, für alle Zukunft
an die Nachbarschaft Waltensburg käuflich ab. Der grosse
Zehnten wurde durch die schon wiederholt genannten Gaudenz
— zugleich Kastvogt — und Konrad von Lombris und Ammann
Martin Martinut auf 750 rhein. Gulden, der kleine Zehnten durch
denselben Gaudenz von Lombris und Jakob von Sax auf 16
rhein. Gulden geschätzt. Die Erlegung dieser Summe geschah
sofort.[4]) Ausdrücklich vorbehalten sind im Kaufbrief alle übrigen
Rechte der Abtei in der Herrschaft St. Jörgenberg, d. h. vor
allem die Wahl der Beamten, die hohe und niedere Judicatur
und die daraus sich ergebenden Einkünfte. Die Entrichtung
letzterer musste bereits unter Nicolai's Nachfolger durch den
Disentiser Magistrat den Waltensburgern neu in Erinnerung gebracht werden.[5]) Im Jahre 1571 verlieh Abt Christian von Castelberg dieselben gegen einen jährlichen Zins von 50 Gulden an

---

[1]) Eichhorn, 251 und Van der Meer, 102, bemerken dazu: ut probroso-
contractui quidam aequitatis fucus obduceretur.

[2]) Urk. abgedr. bei Decurtins, Malssen, Beil. VIII, l. c. p. 421 und Muoth,
l. c. p. 105. Vgl. Syn. 105, Eichhorn, 251, Van der Meer, 102.

[3]) Sie wird genannt im Einkünfterodel des Bisthums Chur aus dem 11.
Jahrh. C. D. I. Nr. 103, p. 285.

[4]) Reg. v. Dis. Nr. 207.

[5]) Van der Meer, 109.

Ulrich Deflorin; nach drei Jahren nahm er indes das Leben wieder zurück.[1]

Wegen der St. Georgskapelle im Schlosse sah sich der Abt in der Folgezeit, trotz des gemachten Vorbehaltes, zu manchen Klagen veranlasst. Am 2. Mai 1562 treffen wir den Ammann Jakob Wolff im Namen des greisen Abtes Anrich vor dem Landrichter Jacob von Cabalzar und den Fünfzehn zu Truns. Er führt Klage, die von Waltensburg hätten unbefugter Weise auf St. Jörgenberg eine Glocke weggenommen und in die Pfarrkirche übertragen. Das Bundesgericht wies die Anschuldigung zurück, nachdem dieses Urtheil schon zu Obersaxen in erster Instanz gefällt worden war.[2] Einige Jahre später (1574) hören wir den Chronisten abermals klagen über einen Bildersturm und anderen Unfug an heiliger Stätte, wodurch die Waltensburger ihrem Ungestüme Ausdruck verliehen.[3]

Es liegt ausser dem Umfange dieser Aufgabe, die Beziehungen zwischen Disentis und Waltensburg weiter zu verfolgen.[4] Es genügt hier zu bemerken, dass Streitigkeiten und Vereinbarungen — unter diesen ist die wichtigste die Tavanasische Composition von 1674[5] — in der Folgezeit wiederholt einander ablösen, bis endlich im Jahre 1734 unter Abt Marian von Castelberg der gänzliche Auskauf der Rechte des Stiftes an der Civil- und Kriminaljudicatur — nebst Abtretung des dem Kloster gehörigen Hauses, Stalles und Gartens daselbst — zu stande kam.[6]

Wir nehmen nun den Faden der Klostergeschichte wieder auf.

Die Verträge betreffs Waltensburg unter Paul Nicolai blieben nicht vereinzelt. Um dieselbe Zeit veräusserte der Abt ein Grundstück des Klosters auf Trunsergebiet.[7] Empfindlicher war für das Stift der Verlust infolge des Verkaufs der an Krystallen und Mineralien reichen Alp Cornera zu Tavetsch, welche im Juli

---

[1] Syn. 116 u. 121.
[2] Willi'sche Urk.-Sammlung, p. 770. Ueber die Gründe, welche die Angeklagten ins Feld führten, um diesen günstigen Entscheid zu erwirken, unterrichtet uns die Urkunde nicht. Wahrscheinlich konnten sie geltend machen, die Glocke auf St. Jörgenberg gehöre nicht zur Kapelle, sondern zum Schlosse, so dass der Abt in keiner Weise mehr darüber zu verfügen habe.
[3] Syn. 121.
[4] Im Gemeindearchiv zu Waltensburg befindet sich eine ausführliche Darlegung dieser Verhältnisse in einem Folioband, betitelt: »Wahrhaffte Histori des Zwiespaltes zwischen Kloster und Waltensburg.« Die Schrift wurde, wie eine darauf befindliche Notiz zeigt, im Auftrage der Gemeinde im Jahre 1722 durch Jakob Casut abgefasst.
[5] Abgedr. bei Muoth, l. c. p. 102; Ausz. in Reg. v. Dis. Nr. 329; vgl. auch Reg. v. Dis. Nr. 330 u. 331.
[6] Urk. abgedr. bei Muoth, l. c. p. 107.
[7] Van der Meer, 103.

1540 um den geringen Preis von 400 fl. in den Besitz der Leventiner überging.¹) Als Käufer sind genannt Martinus Farisius von Faido,²) Albertus Schwarz und Jakob Schanovius.³) Andererseits wurde 8 Jahre später Hercules de Capaul von Flims, der als Gemahl einer von Pontaningen, der Entscheidung von 1529 zuwider,⁴) die Ansprüche auf die Alp Nalps zu Tavetsch erneuerte, vom Bundesgerichte durch Spruch vom 29. Mai 1548 rundweg abgewiesen.⁵) Ueberhaupt gewinnen wir den Eindruck, dass Abt Nicolai in den letzten Jahren seiner Stabführung mit ungleich mehr Thatkraft und Erfolg die Zügel der Verwaltung geleitet. Es gelang ihm sogar, vom Hochgericht die Abschaffung des Hofmeisters zu erwirken.⁶) In kluger Berechnung löste er im Jahre 1550 die dem Exabt Winkler zugesicherte Pension ab durch Erlegung einer Aversalsumme von 240 Gulden.⁷)

Nach aussen vertrat Paul Nicolai als Bundesherr und Reichsfürst, soweit es die Zeitverhältnisse erlaubten, auf würdige Weise das Gotteshaus.

Am Martinstag 1544 fand die Erneuerung des Bundesvertrages von 1524 statt. Unmittelbar nach dem Churer Bischof Iter, der diesesmal auch zur Theilnahme sich entschloss, folgt in der Urkunde der Name des Disentiser Abtes.⁸)

Mittlerweile hatte das kaiserliche Kammergericht zu Speier, wie an die Prälaten von St. Gallen und Chur, so auch an den Abt von Disentis, bei Verlust ihrer Regalien und Freiheiten wiederholt die Aufforderung zur Entrichtung einer Reichs- und Türkensteuer ergehen lassen. Infolge ihrer Weigerung wurde zudem eine Strafe von 2 Mark Goldes über sie verhängt. Zur Verhandlung der Angelegenheit⁹) fand am 12. Februar 1543 ein

---

¹) Die Angabe Eichhorns, p. 251, ist ungenau, da die Käuferschaft der Leventiner offenbar nur auf die Alp Cornera, und nicht zugleich auf den hortus domesticus zu Truns sich beziehen kann. Vgl. Van der Meer, 103.

²) Die Farisii (Varesi) waren ein adeliges, in früherer Zeit aus der Lombardei eingewandertes Geschlecht der Leventina, von dessen gepriesenem Wohlthätigkeitssinn und Vermögen noch heute die »Casa rossa« zu Faido und die St. Bernhardskapelle daselbst Zeugnis ablegen. Vgl. Il. Cattaneo, i Leponti, ossia memorie storiche Leventinesi, I. 239 ff.

³) Syn. 105, Van der Meer 103. Die genannte Alp befindet sich noch heute im Besitze der Degagna Fichengo bei Faido, und wird in der Regel an bergamaskische Schafbesitzer vermietet.

⁴) S. oben p. 53.

⁵) Syn. 107.

⁶) Bundi, 356.

⁷) haben 3 Mann gesprochen, ime für alles zu geben 12 mal 20 Reinische guldin; dessen waren si zu beden theilen wol zufrieden. Bundi, 356.

⁸) Eidg. Absch. IV. 1. d. 428.

⁹) Auch die Städte Basel, Schaffhausen, St. Gallen und Mülhausen (Elsass) hatten gleichzeitig die Aufforderung erhalten.

eidgenössischer Tag zu Baden statt, welcher von den genannten
Prälaten durch Abgeordnete beschickt wurde.¹) Die Stände, über
derartige Mandate wenig erbaut, liessen den Prälaten den Bescheid
zukommen, dass diese weder die Steuern und Strafen entrichten,
noch vor dem Kammergericht sich stellen sollten, da sie selbst
mit demselben verhandeln wollten.²) Die Angelegenheit zog sich
in die Länge. Am 27. Februar 1543 kam vom Fiscal bezw.
vom Kammergericht die Antwort, man könne von den an-
gehobenen Processen nicht abstehen, es sei denn, dass die Eidgenossen ihre gerühmten Privilegien, Freiheiten und altes Herkommen nachweisen und alles am gehörigen Orte rechtlich bei-
legen.³) In ähnlichem Sinne schrieb am 13. März König Ferdinand
im Namen der zu Nürnberg versammelten Reichsstände: Die
Eidgenossen mögen bis nächstkünftige Pfingsten ihre Freibriefe
einsenden; unterdessen werde beim Fiscal Stillstand angeordnet.⁴)
Um diese Zumuthung kümmerten sich indes die Eidgenossen
wenig.⁵) Am 14. December 1544 sahen sich die Boten der drei
Bünde auf dem Tage zu Baden abermals zu Beschwerden veranlasst über erneute Aufforderungen dieser Art, welche unter Androhung der Acht dem Bischof von Chur und dem Abte von
Disentis zugekommen waren.⁶)

1548 taucht die Frage von neuem auf. Im April dieses
Jahres beschloss der Reichstag zu Augsburg, „es solle der An-
lagen halben nicht procediert werden"; gleichzeitig wurde für
die in Frage kommenden eidgenössischen Stände ihr Antheil an
den Kosten des Kammergerichts festgesetzt. Das Stift Disentis
wird dabei mit einer Auflage von 30 Gulden bedacht.⁷)

Am 28. Januar des folgenden Jahres 1549 treffen wir
Rudolf von Schauenstein, Hauptmann zu Fürstenburg, im Auftrage des Bischofs Iter und des Abtes von Disentis vor Bürgermeister und Rath zu Zürich. Er theilte mit, die beiden Prälaten
seien durch den Bischof von Constanz und Herzog Ulrich von
Würtemberg wegen der Reichssteuer auf den 3. Februar

---

¹) Dass Abt Nicolai persönlich in Baden erschienen sei, wie die Synopsis,
p. 100 und Van der Meer, p. 103 melden, scheint kaum richtig zu sein.
²) Eidg. Absch. IV. 1. d. 210.
³) E. A. IV. 1. d. 245, ad b, Nr. 1 u. 2.
⁴) E. A. IV. 1. d. 246, Nr. 3.
⁵) Vgl. E. A. IV. 1. d. 246, Nr. 4, 289, 1. und 295 ad 1.
⁶) E. A. IV. 1. d. 438.
⁷) E. A. IV. 1. d. 947, ad b. Die Stelle ist allerdings nicht ganz klar,
besonders wenn man p. 942, b damit vergleicht. — Zur Veranschaulichung des
Verhältnisses von Disentis zu den mitbetheiligten Ständen mögen hier auch die
Abgaben, die für letztere fixiert wurden, genannt sein: Bischof von Lausanne
30 fl., Bischof von Genf 30 fl., Abt von St. Gallen 60 fl., Abt von Schaffhausen
60 fl., Abt zu Stein a. Rh. 35 fl., Abt von Einsiedeln 60 fl., Abt von Pfäfers
30 fl., Stadt St. Gallen 90 fl., Schaffhausen 45 fl., Mülhausen 00 fl., Basel 162½ fl.

nächsthin zum schwäbischen Kreistag nach Ulm einberufen worden. Der Zürcher Rath erwiderte, sie mögen am nächsten gemeineidgenössischen Tage, der auf den 24. Februar angesetzt sei, ihre Beschwerden vorlegen, unterdessen aber ihr Ausbleiben gegenüber dem Bischof von Constanz entschuldigen, damit gegen sie nicht weiter procediert werde.[1]) Auf dem genannten Tage zu Baden erstatteten des Kaisers und des römischen Königs Botschafter Angelo Rizzi und Hans Melchior Heggenzer den Bericht, der Kaiser habe gegenüber allen Ständen der Eidgenossenschaft stillezustehen geboten, und die Citation auf die Reichs- und Kreistage falle dahin, weil aus Irrthum und ohne Wissen des Kaisers geschehen; man wolle dafür sorgen, dass in Zukunft ähnliches nicht wieder vorkomme.[2])

Obschon auch hier mehr von einem Stillstand als von einem endgiltigen Verzicht die Rede ist, so hatte doch damit die unerquickliche Frage, welche unnützerweise Tagsatzung und Kammergericht, Reichs- und Kreistage in Bewegung gesetzt, soweit sie Disentis betrifft, thatsächlich ihren Abschluss gefunden. Wenigstens hören wir in der Folge nichts mehr davon.

Zwei Jahre später trauerte Desertina am Sarge ihres Oberhirten. Gebeugt von der Last des schwierigen Amtes starb Paul Nicolai am 4. März 1551, das Stift einem ungewissen Schicksale hinterlassend.

3. Abt Lucius Anrich, 1551—1566.

Die energische Art, wie die drei Bünde die Sache des Bischofs und Abtes gegenüber dem kaiserlichen Kammergericht verfochten, zeigt, dass man, ungeachtet der inneren Politik, die Rechte und Privilegien des Bisthums und der Abtei Disentis als Feudalgewalten zu beseitigen, doch gegenüber unbefugten Eingriffen von aussen dieselben gewahrt wissen wollte. Wie es sogar gläubig gesinnte Männer gab — wir erinnern an die interessante Gestalt eines Johann Travers — welche aus politisch socialen Gründen der von Comander und Genossen mit leidenschaftlicher Zähigkeit angestrebten Säcularisation des Bisthums Chur kräftig entgegenwirkten, so spielten Motive ähnlicher Natur zu gunsten des Klosters Disentis mit, als mit dem Tode des Abtes Nicolai dessen Fortexistenz neuerdings in Frage gestellt schien. Die Disentiser Obrigkeit hatte nämlich grosse Mühe, einen Mann zu finden, der die nominelle Regierung des Stiftes — um etwas anderes handelte es sich ja kaum — hätte übernehmen wollen. Daher musste für manchen der Gedanke naheliegen, das Stift ohne Haupt zu lassen, und nach dem Ableben der wenigen

---

[1]) E. A. IV. 1. c. 26.
[2]) E. A. IV. 1. c. 35. Vgl. über den ganzen Verlauf der Steuerangelegenheit auch den genau unterrichteten Van der Meer, p. 103 ff.

Mönche dessen Güter einzuziehen. Jedoch die Erwägung, dass durch Aufhebung des alten Gotteshauses auch das Hochgericht Disentis vieler Vortheile und seines Vorranges unter den Hochgerichten des grauen Bundes verlustig gehen könnte, liess derartige Pläne nicht zur Ausführung gelangen.¹) So kam es, dass Lucius Anrich von Bonaduz, ein ehemaliger Capitular des Prämonstratenser-Klosters St. Luzi zu Chur „aus dem Winkel hervorgezogen" ²) und als Abt nach Disentis berufen wurde. Es war dies ein Mann von nichts weniger als bewährtem Vorleben, da er, wie der allerdings mit starken Farben auftragende Stöcklin uns meldet, am eigenen Stifte die Rolle des Verräthers gespielt hatte. Als nämlich die Prämonstratenser von St. Luzi, die seit dem gewaltsamen Tode des Abtes Schlegel gleichfalls unter staatlicher Bevormundung standen, im Jahre 1538 zur Uebersiedelung nach Bendern im Lichtensteinischen sich genöthigt sahen, erhielt Anrich von der weltlichen Behörde den Auftrag, die Güter des Klosters zu handen des Gotteshausbundes einzuziehen, wozu er sich auch bereitwillig hergab.³)

Unter derartigen Umständen brauchen wir es nicht allzusehr zu bedauern, dass der Magistrat von Disentis sofort nach der Berufung Anrichs die beseitigte Kastvogtei wieder herstellte, so dass dem neuen Abte factisch alle Selbständigkeit benommen war. Zum Kastvogt wurde Peter Berchter ernannt, ein in der Leitung der öffentlichen Geschäfte wohl erfahrener Mann.⁴) Es ist bezeichnend für Anrichs Stellung im Kloster, und zugleich für die Periode der höchsten Demüthigung des alten fürstlichen Stiftes, dass dem Abte laut Beschluss der Obrigkeit monatlich ein Gehalt von einem Gulden verabreicht wurde, womit dieser sich durchschlagen musste.⁵) Die wenigen, die Klosterverwaltung berührenden Handlungen, welche die Chronisten uns aus der Regierungszeit Anrichs übermittelt haben, sind somit selbstverständlich dem Abte

---

¹) Suenter la mort de quel (Paul Nicolai) eis el, perquei ch'ils Religius eran buuaucin tuts morts ora, ne seretratgs navenda, stau malmaneivel al magistrat de Muster, de survegnir in uu, per metter e tschentar en Claustra sco Avat. Consideront aber igl Oberkeit de Muster ils biars e biala dretgs particulars, ils nobels privilegis e preminenzas, ch'il cumin della Cadi per caschun digl Avat e della Claustra enten la Ligia Grischa havessi obtenui e gudiu, pli ch'enters cumins, sche ha igl Oberkeit, tument ch'els da quels dretgs e privilegis veguessan privai, sch'ei alla Claustra muncassi igl Avat, ne fussi negin Avat, pli per teina de plarder lur dretgs, che per iffer della Religiun e per bien della Claustra, tschentau sco Avat Lucius Anrich, muoni della Claustra de S. Glezi, che era vegulus scatschaus naven da Cuera. Cuorta Mem. p. 224.

²) ex angulo protraxerunt. Eichhorn 252.

³) Breve Chron. p. 24; vgl. Eichhorn 252.

⁴) Van der Meer p. 107.

⁵) tamquam vilissimo et contemptibili sacellano, bemerkt hiezu mit nicht ganz unterdrückter Schadenfreude Aug. Stöcklin, Breve Chron. p. 24.

nur als nominellen, dem Disentiser Magistrat bezw. dem von diesem bestellten Hofmeister als factischen Urheber zuzuschreiben.

Im August 1552 verpachtete der Kastvogt die Alp St. Maria auf dem Lukmanier auf 12 Jahre den Leventinern für die Summe von 700 Constanzer Gulden.[1]) Um die nämliche Zeit scheinen die Disentiser wieder eine erhöhte Anwandlung von Selbständigkeitsgefühl bekommen zu haben. Doch wurde ihrem Bestreben, dahin zielend, dem Stifte neuerdings einen Theil der ihm zukommenden Gerichtsgefälle rechtlich zu entziehen, durch Spruch des Gerichtes zu Obersaxen, an welches der Abt sich mit seiner Klage gewendet, und in zweiter Instanz durch die Fünfzehn zu Truns im Jahre 1554 Einhalt geboten.[2]) Im folgenden Jahre kam eine Controverse, die schon längere Zeit zwischen Somvix und dem Kloster geherrscht hatte, zu glücklichem Austrag. Verschiedene Somvixer weigerten sich, von neugerodetem Land, das die Gemeinde unter die Bürger ausgetheilt hatte und das „zu grossen Kornwachs angebaut worden", dem Stifte den Zehnten zu zahlen. Das Gericht zu Disentis gab dem Kloster Recht, ebenso die Fünfzehn, welche bestimmten, „die von Somvix sollen noch in zweyen Jahren aus denen ausgerütteten Gütern kein Zehnet nit geben, und wenn die zwey Jahr verschienen synd, so sond sy geben müssen, N. B. wie andere Güter." Als Fürsprech des Abtes fungierte dabei Ulrich von Marmels, Ammann zu Lugnez, wogegen von der Gemeinde Somvix Julius Maissen, Nikolaus Wiczel und Nikolaus Jon Martin zur Verfechtung ihrer Sache abgeordnet waren.[3]) Der genannte Ulrich von Marmels tritt uns kurz hernach wieder entgegen als Obmann des Schiedsgerichtes, welches die zwischen dem Abt Lucius und der Gemeinde Brigels einerseits, Hans Jörg, Herrn zu Rätzüns und der Gemeinde Obersaxen andererseits waltenden, „Gebiet, Wunn, Weide und Wald" betreffenden Anstände durch Spruch vom 1. Mai 1556 zu Tavanasa in Güte beglich.[4]) Eine ähnliche Controverse mit der Gemeinde Quinto in der Leventina, betreffend Grenze und Weide in den Alpen bei St. Maria und Val de Tiarms auf dem Lukmanier, kam durch Vermittelung von Gilg Tschudi aus Glarus, dem bekannten Staatsmann und Geschichtschreiber, am 22. September 1560 zu gütlicher Beilegung.[5]) Dieser Streit, der besonders von den Kastvögten mit Eifer be-

---

[1]) quorum singuli 15 bacels aestimabantur. Van der Meer p. 108; vgl. Eichhorn 253. Reg. v. Dis. Nr. 305 ist nach dem Gesagten zu berichtigen.

[2]) Van der Meer 109; Eichhorn 253.

[3]) Decurtins, Maissen l. c. 349; vgl. Van der Meer 109, Syn. 108. Das Bundesgericht wurde in diesem Falle von Nicolaus Pfister an Stelle des Landrichters Johann Deflorin präsidiert.

[4]) Urk. im Gem.-Archiv Brigels, Ausz. in Reg v. Dis. Nr. 308. Vgl. Syn. 109.

[5]) Syn. 109.

trieben worden, brachte, wie die Synopsis klagt, das Kloster unnützer Weise in grosse Auslagen, obschon die ganze Angelegenheit nur untergeordnete Bedeutung besass.¹)

Aus all den genannten langwierigen Reibereien und mehr oder minder wichtigen Verhandlungen geht zur Genüge hervor, dass man vielerorts der Versuchung nicht widerstehen konnte, die Ohnmacht des Stiftes zum eigenen Vortheil auszubeuten. In der That bedeutet die Periode der drei ersten „intrudirten" Aebte für das Stift einen bedenklichen finanziellen Rückgang. Die jährlichen Einkünfte wanderten zum grossen Theil in die Casse der Gerichtsgemeinde und der mit der Klosterverwaltung betrauten weltlichen Beamten. Die innere und äussere Oeconomie des Stiftes gerieth in Verfall.²)

Von klösterlicher Ordnung und Zucht konnte unter solchen Umständen ebensowenig die Rede sein, wie von einem eigentlichen Convent. Die übrig gebliebenen Mönche waren auf Pfarreien zerstreut, im Kloster befanden sich in der Regel nur der Abt und die Administratoren.³)

Keiner von den Aebten Feurer, Nicolai und Anrich hat, so viel wir aus den Quellen ersehen können, je die Abtsweihe empfangen. Sie mochten wohl auch nach der Absicht des Magistrats vorab bloss dazu dienen, als nominelle Träger der mit der Disentiser Prälatenwürde verbundenen Rechte nach aussen zu gelten, bis zu dem Zeitpunkte, wo günstigere Umstände auch eine innere Restauration des Gotteshauses ermöglichen würden. Diese kündigten sich in der That an, als seit den 60er Jahren der mächtig wiederbelebende Einfluss der Tridentiner Beschlüsse in Rätien spürbar wurde und die ausschliessliche Herrschaft der vom Geist der Ilanzer Artikel getragenen Periode nach und nach zurückdrängte.

Gegenüber dem Concil von Trient hatte nach dem Beispiel der Protestanten in der Eidgenossenschaft und im Reiche der in seiner Mehrheit evangelisch gesinnte Bundestag von Anfang an eine feindliche Haltung eingenommen, so dass Bischof Lucius II. schon 1546 sich veranlasst sah, sein Ausbleiben mit den gefährlichen Zuständen des Bisthums zu entschuldigen.⁴) Als im Frühjahr 1561 Pius IV. nach längerer Unterbrechung das Concil

---

¹) Ibid.
²) Stöcklin schreibt in seiner gewohnten Weise: Laici praefecti, qui abbate tamquam larva et umbra abusi fuerunt, bursam et omnem monasterii proventum, imo et ipsa praedia, agros et prata, nedum maiora dicam, sub liberrima potestate et manu tenuere. Fletu dignum, cum libros rationum eorundem manu conscriptos legimus, ubi tamen peiora, ne posteri agnoscerent, extracta et dilacerata sunt. Aiunt huiusmodi officium iniquitatis, procuratoris scilicet seu aulae magistri, plus importasse, quam ministralia in Communitate. Breve Chron. p. 24.
³) Van der Meer 110.
⁴) Eichhorn 155.

wieder eröffnete,¹) kamen als Legaten des Papstes und des Königs Philipp II. Bernardino Bianchino, Propst zu St. Maria della Scala in Mailand, und Giovan Angelo Rizzi, Secretär des spanischen Statthalters daselbst,²) mit Einladungsschreiben nach Rätien. Auf dem eigens zu diesem Zwecke und auf Kosten der Gesandten einberufenen Bundestag zu Ilanz vom October genannten Jahres wurde zum Leidwesen derselben jede Theilnahme am Concil untersagt.³) Als Grund hiefür machte man wie anderswo geltend, dass das Concil von Trient kein allgemeines sei.⁴) Dazu kam ein anderes Moment: die persönliche Voreingenommenheit und Abneigung gegen Papst Pius IV., den ehemaligen Erzpriester Giovan Angelo Medici, den wir oben als Bruder jenes Castellans von Musso kennen gelernt haben, welcher die unheilvollen Kriege mit den drei Bünden heraufbeschworen und dessen Name im Bewusstsein des rätischen Volkes noch lange der Inbegriff aller Ruchlosigkeit und Feindestücke blieb. Wir wissen, wie blutig die Idee Schlegels unterdrückt wurde, den Erzpriester von Mazzo auf den Stuhl des hl. Lucius zu erheben. Und als es 1548 verlautete, Giovan Angelo sei als neuer Bischof von Como in Aussicht genommen, legten die drei Bünde bei Paul III. feierlichen Protest dawider ein. Ebenso herzlich dankten sie hernach dem Papste für die Berücksichtigung ihrer Bitten, als in der That an Stelle des Medici Bernardino della Croce den bischöflichen Stuhl von Como bestieg.⁵)

Von Ilanz begaben sich die Legaten nach Disentis.⁶) Dieses Hochgericht hielt auch jetzt in consequenter Politik den katholischen Standpunkt fest. Daher fand hier das Anbringen der

---

¹) Die Indictionsbulle war bald nach der Bekanntmachung im Consistorium in mehreren Exemplaren an Joh. Ant. Volpe, Bischof von Como und derzeitigen Nuntius bei den Eidgenossen, zugeschickt worden, mit der Weisung, eines davon dem Bischof von Chur zukommen zu lassen. Das Begleitschreiben des Cardinalstaatssecretärs an den Nuntius klingt übrigens — nebenbei bemerkt — nicht gerade schmeichelhaft für den Churer Bischof, von dem es heisst, er mache »complimenti generali e belle parole senza mai comprobarle poi con altro effetto.« Archivio Vaticano, Nunziatura Svizzera 232, Copie im Bundesarchiv Bern. — Bezüglich Disentis konnte ich in den Nunziaturberichten von Franco, Rosin und Volpe, soweit im Bundesarchiv abschriftlich vorhanden, keine directe Notiz entdecken. Die Erklärung hiefür liegt offenbar in der bis zur Bedeutungslosigkeit gesunkenen Lage des Stiftes.

²) Offenbar derselbe, den wir oben als Botschafter Ferdinands auf der Tagsatzung vom 24. Februar 1540 getroffen haben. Die Synopsis (p. 100) und nach ihr die Cuorta Mem. (p. 224) nennen ihn fälschlich Johannes Antonius.

³) Eichhorn 161; vgl. auch Lavizari, Memorie Istoriche della Valtellina 1716, p. 100 und 102.

⁴) Vom protestantischen, die Idee des allgemeinen Priesterthums festhaltenden Standpunkte aus war dies allerdings richtig.

⁵) Caspar Wirz, Acten über die diplom. Beziehungen der röm. Curie zur Schweiz 1512—1552, Nr. 300, in: Quellen z. Schweizer Gesch. Bd. XVI. (1895). Vgl. Cantù, Diocesi di Como II, 141.

⁶) Eichhorn 161.

Gesandten geneigteres Gehör. Als Frucht ihres Aufenthaltes daselbst müssen wir ansehen die bald nachher erfolgende Entsendung des Altlandrichters Johann Deflorin [1] an das Concil von Trient, um daselbst sowohl das Kloster als das Hochgericht zu vertreten. Deflorin, zugleich Kastvogt, zählte damals zu den hervorragendsten Männern des Oberlandes, und genoss den Ruf hoher Verständigkeit und streng katholischer Denkart. [2]

Der Aufenthalt Deflorins in Trient hat indes nur wenige Monate gedauert; denn bereits bei der Entscheidung betreffend das Gericht zu Brigels vom 29. April 1562 [3] tritt er als „neulich heimgekehrt" mithandelnd auf. [4] Nach der Ankunft Melchior Lutssi's und des Einsiedler Abtes Joachim Eichhorn mochte allerdings seine Anwesenheit in Trient leicht entbehrlich werden, zumal wir wissen, dass der Papst — wegen der Kosten, deren Vergütung er den Eidgenossen zugesichert — eine möglichst einfache Vertretung wünschte. [5] Johann Deflorin treffen wir noch in demselben Jahre unter den Männern, welche auf einer Conferenz der VII Orte zu Luzern (9. Nov. 1562) von den V Orten zur Beilegung des „Glarnerhandels" vorgeschlagen wurden. [6] Zwei Jahre darauf erscheint er von neuem als Landrichter. [7] In gleicher Eigenschaft vertrat er den grauen Bund, als am 21. Juli 1565 zu Mont-de-Marsan in der Gascogne die Bundeserneuerung der mit Frankreich verbündeten Orte stattfand, wobei jeder der Abgeordneten nebst dem Reisegeld eine Kette als Geschenk erhielt. [8]

Abt Lucius Anrich konnte, abgesehen von allem anderen, schon wegen seines vorgerückten Alters bei der Beschickung des Concils nicht in Betracht kommen. Wenn nun auch das Verdienst dieser herzhaften That nur zum geringsten Theil auf ihn selbst fallen mag, so ist sie doch immerhin geeignet, uns mit der

---

[1] 1555 war er Landrichter des oberen Bundes gewesen. S. oben pg. 70, Anm. 3.
[2] Vir fide et prudentia eximius nennt ihn Eichhorn 253.
[3] S. oben p. 60.
[4] Syn. 110.
[5] Schreiben vom 25. Oct. und 15. Nov. 1561, Arch. Vat. Nunz. Svizz. 232. Copien im Bundesarchiv. — Im »Catalogus legatorum, patrum, oratorum et theologorum, cui ad sacrosanctam oecumenicam Tridentinam synodum convenerunt« (Anhang zu den Canones et Decreta Conc. Tridentini, herausg. von Bisping, Münster 1857, p. 429 ff.) findet sich Deflorin und, was auffallender, auch Abt Eichhorn nicht eingetragen.
[6] E. A. IV. 2. 234. Der hier genannte »Hauptmann Florin« kann nur unser Johannes sein; denn der einzige dieses Geschlechtes, der hier noch in Betracht kommen könnte, Johanns würdiger Sohn Paul Deflorin, welcher später seit den achtziger Jahren neben Gallus de Mont längere Zeit die Geschicke des oberen Bundes leiten sollte, stand damals noch in jungen Jahren.
[7] Brief vom 24. Sept. 1564. Paris, Bibl. nationale, fond français 16013, fol. 38, Copie im Bundesarchiv Bern; zum Theil abgedr. bei Deurtins, Bundi, Beil. X, 1. c. p. 568, wo jedoch die Nummer des Actenstückes zu berichtigen ist.
[8] E. A. IV. 2. 322.

etwas unsympathischen Gestalt dieses Mannes einigermassen zu versöhnen.[1]

Wir irren schwerlich, wenn wir annehmen, dass die Legaten des Papstes und des katholischen Königs bei Anlass ihres Aufenthaltes in Disentis auch über die Restauration des Klosters gesprochen und dem Magistrat diesbezügliche Rathschläge und Ermahnungen ertheilt haben. In Wirklichkeit sehen wir denn auch nach dem Ableben des Abtes Anrich, der am 21. Juni 1566 hochbetagt sein unstetes Leben beschloss,[2]) die Disentiser Obrigkeit mit redlichem Streben und grösserer Sorgfalt als früher an die Wiederbesetzung des erledigten äbtlichen Stuhles herantreten. Die Neuwahl muss als eine durchaus glückliche bezeichnet werden, als am 26. Juli darauf der Tavetscher Pfarrer Christian von Castelberg zur Führung von Scepter und Krummstab des hl. Sigisbertus ausersehen wurde.

VII. Capitel.
Abt Christian von Castelberg 1566—1584.
1. Die Familie von Castelberg. Vorleben des Abtes.

Der neugewählte Disentiser Prälat entstammte einem angesehenen rätischen Adelsgeschlechte. Dasselbe war ursprünglich in Schams und im Lugnez ansässig. Mit dem seit der Mitte des 14. Jahrhunderts rasch verfallenden rätischen Feudalismus und dem gleichzeitigen Emporkommen des Bürgerthums hängt es zusammen, dass um die Wende dieses Jahrhunderts zwei Brüder von Castelberg zu Ilanz sich ansiedelten. Hier erwarben sie sich das Bürgerrecht und gelangten bald zu einer angesehenen Stellung. Als dann mit dem Ausbruche der religiösen Neuerung Ilanz ein Haupttummelplatz der protestantischen Reformverfechter wurde, trennte sich das Geschlecht.[3]) Johann von Castelberg, dem alten Glauben treu bleibend, zog nach Disentis. Sein Bruder Johann Gaudenz blieb in Ilanz und wurde, zur neuen Lehre übertretend, der Gründer der reformierten Linie Castelberg, welche später zur Zeit der „Bündner Wirren" sich als eifrige Anhängerin der Reformation und der venezianischen Partei erwies. Vertreter aus beiden Linien sehen wir in der Folge wiederholt in

---

[1]) Darauf wird man auch die Worte Bucelins (Rhaetia, p. 337) beziehen müssen, wenn man sie nicht lieber bloss als eine schön klingende Phrase bezeichnen will: Post Paulum Nicolai Lucius Anrich Disertinensi Coenobio Abbas praesidet, nec minus altero Lucio, Curiensi Episcopo et legato per Rhaetium apostolico — Lucius Iter starb 1549, also schon vor der Berufung Anrichs nach Disentis — rei catholicae satagit.

[2]) miseriis et aetate confectus. Van der Meer 110.

[3]) Bucelin, Rhaetia p. 379.

den höchsten geistlichen und weltlichen Aemtern der Republik der drei Bünde stehen.[1]

Johann Christian, der Sohn des genannten Johann von Castelberg,[2] des Gründers der Disentiser Linie, vermählte sich mit Lucia Stöckl von Hertenberg aus dem Tirol.[3] Aus dieser Ehe sollten mehrere bedeutende Persönlichkeiten hervorgehen, darunter eben unser Christian, der nachmalige Prälat von Disentis. Der Vater besass im oberen Oberland Einfluss und Ansehen. Er war Hauptmann in königlich-französischen Diensten, wurde Bannerherr und Landammann zu Disentis und 1567 Landrichter des grauen Bundes.[4] Bucelin fasst das Urtheil über ihn in die Worte zusammen: Fuit ille de patria optime meritus.[5]

Das Geburtsjahr Christians ist uns nicht übermittelt. Da wir jedoch wissen, dass er 1554 die Priesterweihe erhalten hat, so dürfen wir mit ziemlicher Sicherheit seine Geburt um das Jahr 1532 ansetzen. Christian scheint der älteste unter sieben Geschwistern gewesen zu sein. Von den Brüdern Sebastian, Jakob und Johann war dem erstgenannten eine bedeutende Rolle vorbehalten, und wir werden ihm noch öfters begegnen. Die von Jakob von Castelberg und Anna von Marmels gegründete Nebenlinie scheint mit ihren beiden Söhnen Thomas und Udalrich erloschen zu sein.[6] Johann ist jener 22jährige, lebenslustige Candidat des Collegio de' Nobili zu Mailand, den wir 1582 auf der Reise dorthin treffen werden, und der im Jahre 1633 als „prope octogenarius" von Augustin Stöcklin für die Zusammenstellung seines Chronologium zu Rathe gezogen wurde.[7] Er bekleidete zeitweilig das Statthalteramt in der Landschaft Disentis und starb, wie es scheint, ohne Nachkommenschaft. Von den drei Schwestern vermählte sich die älteste, Cornelia, mit Dominik Buldet von Brigels, nachmaligem Landammann zu Disentis und

---

[1] Aus der Linie des Johannes gingen hervor: 3 Disentiser Aebte — Christian 1566—84, Sebastian 1614—34, Marian 1724—42; auch Abt Adalbert II. a Medell-Castelberg stammt mütterlicherseits aus dieser Familie und 5 Churer Domherren; aus der Gaudenzischen Linie jener Decan der rätischen Synode, Balthasar von Castelberg, der 1822 zum Katholicismus zurücktrat; endlich aus beiden Linien nicht weniger als 15 Landrichter des oberen Bundes

[2] Bei Bucelin, Rhaetia p. 472 irrthümlicher Weise Caspar genannt, während ibid. p. 379 der Name richtig angegeben ist.

[3] Bucelin, Rhaetia p. 379 und 472. Das Geschlecht der Stöckl zu Hertenberg wurde 1511 der Tiroler Adelsmatrikel einverleibt und starb 1598 in dem letzten männlichen Sprossen aus. Verzeichnis der adeligen Tiroler Geschlechter in: Zeitschr. des Ferdinandeum 3 F. 34. Heft, p. [20]. Bei Goldegg, Tiroler Wappenbücher (ibid. Heft 19. p. 120) findet sich unter dem Datum des 1 Sept. 1593 eine Wappenbestätigung dieses Geschlechtes verzeichnet.

[4] Leu, Lex. V. 150.

[5] Rhaetia p. 379.

[6] Bucelin, Rhaetia p. 401.

[7] Breve Chron. p. 27; vgl. Van der Meer p. 127.

Landrichter des grauen Bundes (1588),[1] die zweite, Sophia, mit Georg Stoss von Wildegg im Tirol,[2] die jüngste, Agatha, mit Christoph von Capol, der seit 1551 eine Zeitlang im Besitze der Herrschaft Schleuis uns entgegentritt.[3]

Ueber die Jugendzeit Christians sind uns keine Nachrichten erhalten. Es ist nicht zweifelhaft, dass er im elterlichen Hause eine sorgfältige Erziehung genossen. Seine geläufige Handhabung der italienischen Sprache legt auch die Vermuthung nahe, er habe einen Theil der Studienzeit jenseits der Alpen verbracht. Seinem Namen begegnen wir zuerst in einer Urkunde vom Jahre 1554, wodurch ihm vom Bischof Thomas Planta die Seelsorge übertragen wird, nachdem eine Prüfung ergeben, dass er „gut lesen, singen, vortragen und schreiben" könne.[4] Gleich damals scheint Christian die Pfarrei Tavetsch übernommen zu haben, die er 12 Jahre lang in segensreicher Wirksamkeit versah. Als er im Juli 1566 zum Prälaten von Disentis auserkoren wurde, ging ihm der Ruf eines pflichttreuen und tüchtigen Geistlichen voraus.

2. Der Restaurator des Klosters und Gegenreformator in der Surselva.

Wohl mit gemischten Gefühlen mochte Abt Christian die neue Stätte seiner Wirksamkeit betreten, weshalb auch die Chronisten berichten, es hätte ihn dabei eine Anwandlung von Reue wegen des übernommenen Amtes erfasst.[5] Verfall im Innern und Ohnmacht nach aussen, das ist das Bild, welches das Kloster damals bot.[6] Doch Castelberg war nicht der Mann, der vor Schwierigkeiten zurückschreckte. Im Bewusstsein, ein Werkzeug der Vorsehung zur Restauration des Gotteshauses zu sein, trat er den schwierigen Posten an. Dieser idealen Auffassung des Berufes entsprang die Begeisterung und Ausdauer, womit er erfolgreich an der Lösung der grossen Aufgabe zeitlebens arbeitete.

Zunächst wandte er seine Thätigkeit der inneren Reorganisation des Stiftes zu. Des Abtes erste Amtshandlung bezeichnet den Beginn der gegenreformatorischen Periode in der Surselva. Mit kühner Umgehung der Danzer Artikel nahm er sofort einige gutbeleumdete, hoffnungsvolle Jünglinge als Novizen ins Kloster

---

[1] Eichhorn p. 264.
[2] Bucelin, Rhaetia p. 472 und 474. Das schon citierte Verzeichnis des Tiroler Adels (Zeitschr. d. Ferd., 3 F., Heft 34. p. [20]) erwähnt zum Jahre 1546 die Einverleibung des Geschlechtes Stoss in die Adelsmatrikel.
[3] Sprecher, Rhetische Cronica p. 259; Ardüser, Warhaffte und kurzvergriffene Beschreibung etlicher herrlicher hochvernampter Personen in alter freyer Rhetia (Lindau 1598), p. 25.
[4] bene legere, cantare, exponere et construere. Lit. Dis. 47.
[5] Syn. p. 113 f.; Cuorts Mem., Arch. glottol. VII, 227.
[6] monasterium ferme desertum ac in omni rerum confusione squalidum reperit. Eichhorn 253.

auf. Da dies seit dem verhängnisvollen Jahr 1526 unterblieben war, fand sich beim Regierungsantritte Castelbergs, so viel wir wissen, nur ein einziger Conventual, Benedict Waschin, vor. Dieser Umstand machte es aber dem Abte um so leichter, in kurzer Zeit einen tüchtigen Convent heranzubilden und demselben seinen Geist, den Geist des seit dem Tridentinum neuerwachten Katholizismus einzuflössen. Nachdem Castelberg auf diese Weise den Fortbestand des Klosters gesichert und 1570 die Abtsweihe rechtmässig empfangen hatte — wir kommen gleich eingehender darauf zu sprechen — konnte er auch die andere, mit der Disentiser Prälatenwürde verbundene religiöse Aufgabe ins Auge fassen: die Stellungnahme zur Reformation.

Diese hatte in den voraufgehenden Decennien auf bündnerischem Boden um so raschere Fortschritte gemacht, als von dem in die eisernen Fesseln der staatlichen Bevormundung gezwängten Churer Hochstift ebensowenig wie vom verfallenden Disentiser Kloster aus wirksame Abwehr geschehen konnte. Der Gotteshaus- und Zehngerichtenbund waren zum grossen Theil zur Reform übergetreten; auch im grauen Bunde hatte die neue Lehre im Misox, Domletschg und in den oberländischen Gemeinden Felsberg, Tenna, Valendas, Kästris, Flims, Ilanz — mit den umliegenden kleinen Ortschaften Luwis, Riein, Pitasch, Duin — und Waltensburg Wurzeln gefasst.[1]) Wir sind erstaunt über die ausserordentliche Kraftanstrengung, mit der die rätischen Prädicanten, von Zürich aus aufgemuntert und unterstützt, für die Ausbreitung der neuen religiösen Ideen in Bünden arbeiteten. Um so weniger mochten sie sich andererseits erbaut fühlen über das Wiederaufleben der Disentiser Abtei und der katholischen Reaction überhaupt, die durch ihren gewaltigen Vertreter Karl Borromeo bald auch nach Rätien sich ausdehnen sollte.

Denkwürdig in den Disentiser Annalen ist das Jahr 1570. Es mag auffallen dass Christian von Castelberg erst im vierten Jahre seiner Regierung die kirchliche Bestätigung und Weihe als Abt erhalten hat. Die Gründe hiefür liegen offenbar in den misslichen Umständen der Zeit. In Disentis musste ein Convent erst geschaffen werden, und in Chur entstanden als Nachspiel der Bischofswahl von 1565 so bedenkliche Wirren, dass der neue Bischof Beat a Porta längere Zeit die eigene Residenzstadt meiden musste. Im Frühsommer 1570 endlich erachtete Castelberg den Zeitpunkt für gekommen, den Diöcesanbischof um die kirchliche Benediction anzugehen. Zur Erhöhung der Feier lud er ausserdem die Aebte von Einsiedeln und Pfäfers[2])

---

[1]) Campell, Historia Raetica, Quellen z. Schweizer Gesch. IX, 71.
[2]) Abt von Pfäfers war damals nicht wie die Synopsis p. 115, Van der Meer p. 112, Eichhorn p. 254 angeben, Johann Jakob Mosheim — dieser war

und den Propst von Churwalden nach Disentis ein. Der Einsiedler Prälat Adam Heer scheint anfangs die Einladung mit etwas Misstrauen entgegengenommen zu haben. In einem Schreiben vom 21. Juni dieses Jahres bittet er den Churer Bischof um Rath und Aufschluss, da ihm nicht berichtet worden, „dass der Abt von Disentis vom Konvent erwählet sei und dass er den Orden nicht anhab, derglichen ob er mit der Administration nach altchristenlichen Bruch gefasst, welchs unseres Erachtens vor der Benediction syn soll." Interessant ist die Antwort des Bischofs. Er beruhigt den Einsiedler Prälaten mit dem Bemerken, die Wahl des Abtes von Disentis hätte wegen des Mangels eines Convents und wegen der staatlichen Bevormundung nicht anders als durch die weltliche Obrigkeit geschehen können. Aus diesem Grunde habe denn der Abt um die Confirmation und Benediction nachgesucht. Zudem sei Castelberg gewillt, das Kloster wieder zu ordnen, und er finde auch den Gehorsam, den man dem Vorgänger verweigert habe.[1]) Die Weihe wurde denn auch auf den 2. Juli, das Fest Maria Heimsuchung, festgesetzt. Wegen Erkrankung des Bischofs musste jedoch der Termin verschoben werden. Im August endlich fand dieselbe unter grosser Feierlichkeit in Disentis statt.[2])

Da Castelberg bisher nur Weltgeistlicher gewesen war, legte er vorab die Profess ab. Darauf erfolgte die Benediction durch Bischof Beat. Der Feier wohnte eine grosse Menge Volkes bei, welche das ausserordentliche Ereignis von nah und fern herbeigelockt hatte.[3]) Ein Gastmal beschloss den festlichen Tag.

In dem Umstand, dass Castelberg den Weiheact mit viel Gepränge umgab, dürfen wir bestimmte höhere Motive nicht verkennen. Abgesehen davon, dass dies einem Wunsche der Angehörigen, insbesondere des unlängst aus französischen Diensten heimgekehrten Bruders Sebastian entsprochen haben mag, wollte der neue Abt eben durch imponierende Feierlichkeiten das Ansehen des Klosters nach aussen stärken, und durch den darin liegenden Gegensatz zum Protestantismus das katholische Bewusstsein befestigen. Wiederholt werden wir Gelegenheit haben, ihn von dieser Auffassung geleitet handeln zu sehen.

---

eben im März 1570 gestorben (Bucelin, Rhaetia 344, Eichhorn 291) — sondern dessen Nachfolger Heinrich Weidmann. Auffallend ist der Widerspruch bei Eichhorn, der p. 291 Mosheim am 8. März 1570 sterben, p. 254 aber ihn im August darauf nach Disentis ziehen lässt.

[1]) Bischöfl. Archiv Chur, B, 39.

[2]) Das erste Datum gibt das eben citierte Schreiben a Portas an. Ein Kanzleivermerk auf der Rückseite besagt die nachträgliche Aenderung des Zeitpunktes. Damit stimmt der Bericht der Chronisten (Syn. 115; Eichhorn 254; Van der Meer 112), welche die Feier mense Augusto stattfinden lassen.

[3]) tota Disertina insolito spectaculo applaudente. Eichhorn p. 254.

In der That täuschte sich Castelberg in seinen Berechnungen nicht. Die Anwesenheit der hohen Würdenträger und die Ermahnungen des Churer Bischofs bewirkten, dass die Disentiser Obrigkeit unmittelbar vor dem Weiheact den üblichen Lehenseid in die Hände des Abtes ablegte, und von diesem nach alter Sitte den Blutbann empfing. Eine nicht minder wichtige Errungenschaft war die **Abschaffung des Hofmeisteramtes**. Diese Angelegenheit hatte schon früher insofern eine dem Abte günstige Wendung genommen, als es ihm gelungen war, die Wahl des Kastvogtes auf die Person seines Schwagers, des geachteten und billig denkenden Dominik Buldet von Brigels zu lenken. Auf die beredten Vorstellungen der Prälaten entsagte dieser nicht bloss freiwillig der Kastvogtei, sondern er wusste auch Magistrat und Volk von der Billigkeit und Gerechtigkeit der Verzichtleistung so zu überzeugen, dass diese seinen Schritt genehmigten.[1]) Am Tage nach der Weihe theilte der Diöcesanbischof in Disentis das Sacrament der Firmung aus. Wenn die Synopsis[2]) dabei bemerkt, dass „eine unzählige Menge" aus der Landschaft Disentis und aus Urseren sich zu diesem Zwecke daselbst einfand, so sind wir sehr geneigt, ihr zu glauben, da wahrscheinlich seit vielen Jahren keine derartige Visitation stattgefunden hatte.[3])

Zu den Factoren, welche Christian von Castelberg bestimmten, mit der kirchlichen Benediction nicht länger zuzuwarten, dürfen wir auch ein äusseres in diese Zeit fallendes Ereigniss zählen: die sogen. Schweizerreise des Cardinalerzbischofs von Mailand.

Karl Borromeo, mit 22 Jahren von seinem Oheim, Pius IV., zum Cardinal und auf den Stuhl des hl. Ambrosius erhoben (1560), hatte sich die strenge Durchführung der Tridentiner Beschlüsse in seinem Sprengel zur Lebensaufgabe gemacht. Der Umstand, dass die Tessinischen Vogteien der eidgenössischen Orte und die bündnerischen Unterthanenländer damals zur Erzdiöcese Mailand gehörten, lenkte von selbst Karls Aufmerksamkeit auch auf die Schweiz. Zudem stand seine Familie schon seit langer Zeit in

---

[1]) Eichhorn p. 254.
[2]) p. 110.
[3]) Bezüglich der Abtsweihe sei hier noch eine Angabe der Synopsis (p. 115) erwähnt, wonach Castelberg, wegen der uncanonischen Wahl beunruhigt, die Sachlage in einem Schreiben an den Papst getreulich auseinandergesetzt habe. Erst nachdem dieser In Anbetracht der Umstände, der Zeit und Person die Mängel der Wahl aus eigener Machtfülle suppliert, habe Bischof a Porta zur Benediction sich bewegen lassen. — Da jedoch in dem mehrerwähnten Schreiben a Porta; an den Abt von Einsiedeln nichts darüber verlautet — und ein so wichtiger Grund zur Beruhigung des Einsiedler Abtes wäre hier kaum übergangen worden — so dürfte jene päpstliche Bestätigung erst später anzusetzen sein. Dass Pius V. Castelberg als Abt anerkannt hat, ist um so mehr über jeden Zweifel erhaben, als er selbst als Inquisitor in der Diöcese Como vollauf Gelegenheit gehabt hatte, die schwierige Lage der Kirche in Rätien kennen zu lernen. Vgl. Cantù, Dioc. di Como II, 35.

freundschaftlichen Beziehungen zu den Orten am Vierwaldstätter-
see, und unmittelbar nach Erlangung des Purpurs war Karl zum
Protector der Eidgenossenschaft ernannt worden.[1]) Seine Wirksamkeit nach dieser Seite begann denn auch sogleich, nachdem er
nach mehrjährigem Aufenthalt in Rom als glanzumgebener Nepot
Pius' IV. im September 1565 unter dem Jubel der Bevölkerung
in Mailand eingezogen und daselbst seinen ständigen Sitz genommen hatte.

Das Jahr 1567 führte den Cardinal bis an den Fuss des
Gotthard. Drei Jahre später, im August 1570, unternahm er in Begleitung von Giovanni Francesco Bonhomini, dem späteren Nuntius
bei den Eidgenossen, und Ambrosio Fornero aus Freiburg die
„Schweizerreise", angeblich um seine Stiefschwester, die Gräfin
Hortensia von Hohenems, zu besuchen, in Wahrheit aber um
in der Schweiz für die Durchführung der Concilsbeschlüsse zu
wirken.[2])

Dem Abte von Disentis entging es nicht, von welchem
Vortheil eine Besprechung und engere Verbindung mit dem ge-
feierten Kirchenfürsten für die katholisch-reformatorischen Be-
strebungen in Rätien sein müsse. Kurze Zeit bevor Karl seine
Reise antrat — vielleicht hatte Castelberg von der Absicht des
Cardinals Kunde erhalten — übersandte er unter dem 17. Mai
1570 durch den Ritter Bernardino Ruginelli von Bellinzona ein
Schreiben an Borromeo, welches wohl das erste dieser für die
Geschichte unserer Periode wichtigen Correspondenz ist.[3]) Der
Abt weist hin auf das grosse Bedürfnis nach religiöser Wieder-
belebung in Rätien, und bittet angelegentlichst den Cardinal, das
rätische Land und Volk in seine Obhut nehmen zu wollen. Seinerseits wolle er es an nichts fehlen lassen, um sich des hohen
Schutzes des Kirchenfürsten würdig zu zeigen. „Wollte Gott",
fügt er hinzu, „dass meine Kräfte meinem Wollen entsprechend
wären."[4]) Aus dem Schreiben spricht eine hohe edle Seele. Wir
finden da jenen begeisterten Glaubenseifer und jenes Mitgefühl
angesichts des vielfältigen Elends des Volkes, welche die späteren
Chronisten an diesem Abte zu rühmen nicht müde werden. —
Als Antwort auf diesen Brief mag nun der Cardinal über die

---

[1]) Vgl. Theod. v. Liebenau, Lodovico Borromeo, in: Boll. storico della
Svizzera italiana VI. (1884), p. 6 ff.; und Karl Borromeo, in: Monat-Rosen,
Jahrg. 29, (1884/85) p. 2 ff.

[2]) Sala, Biografia di San Carlo Borromeo, Milano 1858, p. 45.

[3]) Es heisst darin: Non ho voluluto deferire a dar principio, di far
riverentia et salutare V. Sig[ria] Illma et R[ma]. Die Correspondenz befindet sich in
der Biblioteca Ambrosiana zu Mailand, erwähnter Brief unter der Bezeichnung
F. 119 P[te] inf., Lett. 44, fol. 76.

[4]) Volesse Dio, che havessi le forze conforme al volere, che daria tal
testimonio, che Sua Santita et V. S. Illma et R[ma] ne pigliariano contento assai.

bevorstehende Reise dem Abte näheres mitgetheilt und eine Conferenz mit ihm verabredet haben.

Aus dem interessanten Bericht über die Schweizerreise, den Karl Borromeo selbst nach frischem Eindruck niederschrieb,[1] geht hervor, dass eine zweimalige Zusammenkunft, d. h. auf der Hin- und auf der Rückreise des Cardinals, stattgefunden hat. Bei der ersten, welche an den Grenzen der Diöcese Karls, also vermuthlich zu Olivone oder Biasca, um den 12. August gehalten wurde, waren Abt Castelberg und Landrichter Peter Bundi, nachmaliger Podestà zu Trahona, anwesend. Ob damals die Abtsweihe eben bevorstand — was wahrscheinlicher — oder eben erfolgt war, ist nicht klar ersichtlich, da wir wohl den Monat, nicht aber den Tag dieser Feier kennen.[2] An der zweiten Zusammenkunft, zu Urseren (Andermatt), etwa am 2. September, nahm nebst den genannten der Churer Bischof Beat a Porta theil.[3]

Es lag in der Absicht des Abtes und des Landrichters, den Cardinal zu einer Visitationsreise nach Rätien zu veranlassen. Sie glaubten, er besitze dazu besondere Vollmachten. Da Borromeo diesem Wunsche nicht ensprechen zu können erklärte, baten sie ihn, er möge beim Papste sich dafür verwenden, dass der Bischof von Chur zu grösserem Eifer in seiner Amtsthätigkeit angespornt werde. Eine Reform des Clerus thue dringend noth und könne nur durch gemeinsames energisches Vorgehen der geistlichen und weltlichen Behörden bewirkt werden.[4]

Diese Charakteristik der sittlich-religiösen Zustände im Oberland überrascht uns weniger, wenn wir bedenken, dass es in der Periode des Verfalles dem Stifte Disentis eben nicht möglich gewesen, die incorporierten Pfarreien zu besetzen. Dieselben

---

[1] Information zu handen des Cardinals von Piacenza, Mailand, Bibl. Trivulziana, Cod. 1129, fol. 290. Abgedr. unter Nr. 2. In dem demnächst erscheinenden I. Bd. der Publication: Die schweizerische Nuntiatur Bonhominis, herausg. von Fr. Steffens und H. Reinhardt, welche mir in verdankenswerter Weise den betreffenden Bogen zur Verfügung stellten.

[2] Wahrscheinlicher nenne ich erstere Annahme, weil im anderen Falle der Bischof von Chur wohl schon bei dieser ersten Besprechung sich eingefunden hätte.

[3] Die Angabe des Ortes enthält ein Schreiben Bundis an Borromeo aus Trahona vom 20. März 1572 (Bibl. Ambrosiana F. 124, Nr. 102), in welchem Bundi den Ueberbringer des Briefes, seinen »canzeliero«, dem Wohlwollen des Cardinals empfiehlt, sich dabei berufend auf »l'amicitia per V. Ill.ma et Il.ma Sigria fatta mecho nel paese di Svizzeri, ol luocho d'Orsera in compagnia del Rev.mo Mon.or Vescovo di Coira et il R.do Mon.or Abbate di Tisitis.« Vgl. Steffens-Reinhardt, l. c. p. 16 Anm. 3, wo noch ein weiterer Brief Borromeos (an den Cardinal von Pisa) citiert ist, in welchem von der zweimaligen Zusammenkunft Erwähnung geschieht. — Peter Bundi fiel als Hauptmann einer Bündnercompagnie in französischen Diensten in dem für die Schweizer unglücklichen Treffen bei Die vom 13. Juni 1575. Sprecher, Cronica p. 177 (wo übrigens der 14. Juni angegeben ist).

[4] Li preti erano scandalosissimi, sagt der Bericht speciell vom oberen Bund.

blieben entweder vacant, oder, was nicht besser, wurden von herumwandernden Priestern durchaus zweifelhafter Qualität besorgt. Mit scharfen Worten hebt dies Clemente hervor.[1]) Auch der Bericht Borromeos wirft hierauf interessante Streiflichter. Als in den katholischen Orten nach dem Tridentinum ernsthafte Versuche gemacht wurden zur Beseitigung des Concubinats unter den Priestern,[2]) wanderten viele derselben einfach in andere Gegenden, wo sie hoffen durften, ihr freies Leben weiter treiben zu können. Dabei kam auch Rätien in Betracht. Borromeo betont daher die Nothwendigkeit, dass die kath. Orte und die benachbarten Bischöfe, insbesondere der von Chur, gemeinsam verabreden, derartigen Priestern keinen Einlass mehr zu gestatten, auch auf die Gefahr hin dass sie zum Protestantismus übertreten.[3])

Bischof Beat, den Borromeo zwar guten Willens, aber unentschlossen und voll von menschlichen Rücksichten fand,[4]) versprach bei der zweiten Zusammenkunft, im oberen Bund visitieren zu wollen. Dabei sagte ihm auch der Landrichter seinerseits Mitwirkung und Hilfe zu. Ob die Visitation wirklich zur Ausführung gelangte, wissen wir nicht. Wohl aber erliess der Bischof gleich darauf eine Verordnung gegen das Concubinat der Geistlichen.[5]) Gewiss dürfen wir annehmen, dass die imponierende Gestalt und die begeisternden Worte des Cardinals auf die Prälaten und die ganze Deputation einen tiefen und heilsamen Eindruck gemacht haben,

---

[1]) Ricevevano (i popoli della Retia) indifferentemente ogni sorte di Religiosi senza darne conto al Vescovo. Tra questi Religiosi ve n'erano molti de' forastieri, Italiani, Todeschi, Spagnoli e Francesi, quali secolari e quali regolari, che non potendo tolerar il giogo della regolar osservanza e bramando vivere a capriccio particolarmente in cose di senso, abbandonavano e le loro religioni e le loro patrie, ed andavano nella Retia, mostrando le patenti vere o false d'essere sacerdoti; onde i popoli, che tenevano bisogno di parocho o spirituale, come essi dicono, gli accordavano per il loro servitio. Clemente, Storia delle missioni nella Retia, p. 8.

[2]) S. Breve Pius' V. vom 6 Sept. 1569, bei Segesser, Rechtsgesch. von Luzern IV, 404 und im Archiv für Schweiz. Ref.-Gesch. II, 39.

[3]) »Si alcuno per disperatione, come essi dicano, andasse negli heretici, che è disposto a far questa risolutione, si può credere, che sia tale, che non sia espediente, che stia fra catholici, risguardando non tanto al beneficio suo particolare, quanto di popoli istessi.«

[4]) »Mi parve di trovarlo di buona intentione, ma in qualche abuso come degli abiti esteriori et della tavola seguita i riti della natione; lo viddi ben intimorito assai et pieno di respetti humani, venendomi a dire in discorso di ragionamento, che gli bisogna andare destro et fugir l'occasioni, che potessero causare o sollevatione de popoli, o pericolo a lui d'esser scacciato del vescovato o levategli l'entrate.«

[5]) Geht hervor aus einem Briefe der Gräfin von Hohenems an Borromeo vom 21. Nov. 1570, wo sie sagt, dass Karl »principal causa« dieses Befehles sei. S Wymann, Aus der schweizer. Correspondenz mit Cardinal Carl Borromeo, Geschichtsfreund, Bd. 52 (1897) p. 281.

und insbesondere ist das zielbewusste Auftreten des Abtes wohl auch zum Theil auf die Einwirkung jener Tage zurückzuführen.[1])

In demselben Jahre 1570 wurde Abt Christian von Castelberg als Reichsfürst durch Maximilian II. zum Reichstage von Speier eingeladen. Wegen der vielen Geschäfte konnte er jedoch der Aufforderung nicht entsprechen.[2]) Dagegen zögerte er nicht, im folgenden Jahre behufs Empfang der Regalien einen Legaten, wahrscheinlich Paul Deflorin, an den Kaiser nach Wien abzuordnen. Maximilian II. bestätigte durch Diplom vom 20. Sept. 1571 feierlich alle Rechte und Privilegien des Stiftes.[3]) Dabei unterlässt die Synopsis nicht, besonders jene Stelle der Urkunde hervorzuheben, worin der Kaiser als Grund der Bestätigung ausdrücklich die Förderung und Hebung der alten Abtei bezeichnet. In der That konnte Castelberg von da an ungehinderter der zweifachen Aufgabe seines Amtes sich widmen, der Restauration des Klosters und der Durchführung der Gegenreformation in Rätien.

Es wäre interessant zu erfahren, ob und inwiefern zwischen den drei Häuptern des Katholicismus in Rätien, dem Bischof von Chur, dem Abt von Disentis und Johann Planta, Herrn von Rätzüns, Versuche angestellt worden sind zu gemeinsamem und planmässigem Vorgehen in der religiösen Frage. Die Quellen berichten darüber nichts,[4]) und allem Anscheine nach blieb Castelberg mit seinen Bestrebungen ziemlich vereinzelt. Beat a

---

[1]) Es ist auffallend, dass die Klosterchronisten mit keiner Silbe der Conferenzen mit Karl Borromeo erwähnen. Es müssen also darüber entweder keine schriftlichen Notizen im Kloster vorhanden, oder aber solche bis auf die Zeit Adalberts II. verschwunden gewesen sein; und in der Tradition wird wohl die 11 Jahre später erfolgte Pilgerreise des hl. Karl nach Disentis so in den Vordergrund getreten sein, dass jene früheren Ereignisse dabei der Vergessenheit anheimfielen. — Das Gegentheil passiert neueren Geschichtschreibern, welche die Reise Borromeos nach Disentis von 1581 ins Jahr 1570 hinaufrücken, d. h. mit der Schweizerreise zusammenfallen lassen; so Fassbind, Gesch. des Cantons Schwyz, IV, 407, und ihm folgend Lusser, Gesch. des Cantons Uri p. 246, und Vuillemin (Contin. de Jean Müller, XII, 168 ff.), dessen auf Mittheilungen A. von Sprechers beruhende Schilderung des Aufenthaltes von Karl Borromeo in Disentis auch sonst ungenau ist.

[2]) Bucelin, Rhaetia, p. 344; Van der Meer, p. 114 Es handelte sich hiebei offenbar nicht um eine neue Erhebung des Disentiser Prälaten in den Reichsfürstenstand, wie Leo annimmt (Lex. V, 124), sondern um die Anerkennung der alten Reichsstandschaft durch die übliche Berufung zum Reichstag. Solche Einladungen ergingen zu wiederholtenmalen an Abt Castelberg, so 1576 zum Reichstag von Regensburg (nach Bucelin wäre die Einladung schon 1575 zugekommen), 1582 zum Reichstag von Augsburg. Bucelin, l. c. p. 346 und 347.

[3]) Bucelin, Rhaetia p. 344; Syn. 117.

[4]) Das Verbot des ›Practicirens‹ vom Jahr 1569 ist das einzige uns bekannte Actenstück, in welchem Christian von Castelberg und Johann Planta gemeinschaftlich handelnd auftreten. Reg. v. Dis. Nr. 309.

Porta weilte ja den Grosstheil seiner Regierungszeit ausser Landes, und beim Räzünser mögen nicht immer rein religiöse Motive massgebend gewesen sein; zudem hinderte sein infolge einer eigenthümlichen Verschlingung von politischen und religiösen Momenten herbeigeführtes, gewaltsames Ende frühe jede Wirksamkeit von dieser Seite (1572).[1]

Der Process Planta und sein blutiger Ausgang ist bezeichnend für die damalige Stimmung im Lande und insbesondere für die fanatische Art und Weise, wie die Prädicanten angesichts der wachsenden katholischen Action ein sonst keineswegs barbarisches Volk zu bearbeiten und zu Gewaltthaten zu treiben wussten. Die Beseitigung des päpstlichen Parteigängers bedeutet unstreitig einen Sieg der Prädicanten, und um so zuversichtlicher mochten sie nun ihr Werk fortsetzen.

Auch in der Landschaft Disentis macht sich, wenn wir der Synopsis glauben dürfen, um dieselbe Zeit die gesteigerte Agitation der Neuerer bemerkbar, wobei sie vorzugsweise unter der Geistlichkeit manchen Erfolg verzeichnen konnten.[2] Dass letztere in Wirklichkeit hinsichtlich Glaubenstreue und Standhaftigkeit nicht die beste Bürgschaft gewährte, beweist zur Genüge das Attribut, welches kein anderer als Karl Borromeo ihr beilegt.

Diesen trüben Verhältnissen gegenüber fühlte sich Castelberg zu um so grösserer Thätigkeit angespornt. Mit Erfolg wandte er besonders ein Mittel an, um den religiösen Sinn im Volke zu erhalten und wieder zu beleben: er hielt häufige Missionen in den Pfarreien seines Sprengels. In eigener Person wanderte der Abt von einem Bergdorfe zum andern, celebrierte und predigte in vollem Ornat und ermahnte das Volk zur Standhaftigkeit im Glauben der Väter.[3] Dabei übte er auch verschiedene bischöfliche Functionen aus. Aus zwei Briefen an Borromeo vom 16. Juni

---

[1] Die Katastrophe wurde vom kathol. Volke als Gottesurtheil aufgefasst für den eifrigen Antheil, den Planta bei der Aufhebung des Frauenstiftes Kazis genommen hatte. Stöcklin, Breve Chronol. p. 26.

[2] Nach der Syn. p. 119, und Cuorta Mem. p. 228 sind im Jahre 1572 fünf Pfarrer — es wären dies verhältnismässig viele — aus dem Hochgericht Disentis nach Zürich gezogen, um sich in der neuen Lehre unterrichten und mit den nöthigen Büchern ausrüsten zu lassen, während daheim noch andere die gleichen Gedanken hegten. Auf dem Rückweg sind jedoch jene fünf auf dem stürmischen Walensee untergegangen, worin ein Gottesurtheil erblickt wurde. Da diese Tradition schon in der zweiten Hälfte des 17. Jahrh. durch Adalbert II. schriftlich fixiert wurde, verdient sie Beachtung, zumal da Van der Meer (p. 116), dem die Abtscataloge Adalberts II. zur Verfügung gestanden haben, versichert, jener hätte hiebei ex antiquioribus monasterii Chartis geschöpft.

[3] Bezeichnend ist die Erzählung der hierin der Tradition folgenden Synopsis (p. 120), Castelberg habe einmal an einem Tage in den 5 grösseren Ortschaften der Cadi gepredigt.

und 30. August 1571¹) geht hervor, dass dem Disentiser Prälaten von alters her das Recht zustand, alle 7 Jahre anlässlich einer achttägigen Ablassfrist in den dem Kloster unterstellten Kirchen zu firmen, sowie Altäre, Kelche, Patenen, Messgewänder, Glocken und andere kirchliche Geräthschaften zu weihen. Der Abt bittet den Cardinal, beim päpstlichen Stuhl sich dafür verwenden zu wollen, dass dieses Privileg wiederverliehen bezw. bestätigt werde, „damit das Stift immerfort vom Guten zum Besseren gedeihen möge". ²) Wir dürfen als sicher annehmen, dass Borromeo diesem Wunsche entsprochen habe. Denn in einer Urkunde vom 7. Febr. 1572 wird durch Bewilligung des Churer Bischofs eben dieses Privileg auch auf jene Kirchen der Diöcese ausgedehnt, welche nicht zur Jurisdiction des Klosters gehörten.³) Diesem Vorgehen lag die im 17. Jahrhundert wiederkehrende, contrareformatorische Idee zu grunde, das Stift Disentis sei zum Eingreifen berufen, wo das Bisthum seiner Aufgabe nicht genügte oder nicht genügen konnte. Zudem entspricht dies der früher angedeuteten Anschauung des Abtes, welcher zur Hebung des innern religiösen Sinnes des Volkes auch die äussere Ausstattung der Gotteshäuser und des öffentlichen Gottesdienstes möglichst schön und würdevoll gestaltet wissen wollte.

Dieser Grundsatz galt in erster Linie vom Kloster selbst. In der Hauptkirche des hl. Martin liess Castelberg neue Chorstühle und eine Orgel herstellen, wohl die erste, welche die Surselva gesehen hat. Er sorgte für Anschaffung der nothwendigen liturgischen Bücher.⁴) Zur Pflege der Kirchenmusik und zur Ertheilung des Unterrichtes in derselben berief er sangestüchtige Kräfte aus anderen Klöstern und aus der Weltgeistlichkeit nach Disentis. Darunter nennt die Synopsis Johann Tschepp (Tschopp?) aus Luzern und Jakob Wetzler aus Einsiedeln. Diese wurden — und dies mochte bei ihrer Berufung wohl auch in der Absicht des Abtes liegen — sobald sie die Landessprache kennen gelernt, auch zur Seelsorge verwendet. Wetzler treffen wir im Jahre 1587 als Pfarrer von Disentis.⁵)

---

¹) Bibl. Ambros. F, 122, p. inf. Lett. 174, fol. 301 und F, 122 p. inf. Lett. 311, fol. 634. Ueberbringer des Schreibens war im ersten Falle der »Ehrwürdige G. Herr Mitbruder Jacobus«, wie aus dem Begleitschreiben des Abtes hervorgeht. Bibl. Ambr. F, 122, p. inf. Lett. 173, fol. 355. — Im zweiten Schreiben drückt der Abt eingangs seine Freude aus über eine glücklich überstandene Krankheit des Cardinals. Vgl. dazu Glussano-Rubens-Oltrocchi, de vita et rebus gestis S. Caroli Borromaei, (Mailand 1751) p. 214.
²) Accio questa casa di Dio possi andar sempre di bene in meglio.
³) Van der Meer 114; Eichhorn 254.
⁴) Dem oben genannten Mitbruder Jacobus gab der Abt den Auftrag ein Benedictiner-Brevier von Mailand mitzubringen. Der erste vollständige Druck desselben war durch die Congregation von Monte Cassino im Jahre 1551 zu Venedig veranstaltet worden. Kiem, Abtei Muri, II, 54.
⁵) Syn. 131.

Im Convente drang der Abt auf strenge Ordnung und genaue Beobachtung der Regel. Das Chorgebet wurde pünktlich verrichtet; überall und in allem ging Castelberg mit gutem Beispiele voran.[1]) Ueber den Bestand des Conventes um diese Zeit geben uns die Quellen keinen befriedigenden Aufschluss. Ziemlich unbestimmt klingt die Angabe der Synopsis, welche neben den genannten Tschepp und Wetzler und dem früher erwähnten Benedict Waschin noch anführt: Mathias Custos et Berchtholdus, quibus addendus Johannes Moschin (Mosheim) monachus et diaconus hoc ipso anno Sabbatho Sitientes factus (31. März 1571).[2])

Beim Brande von Disentis am 27. Sept. 1576 blieb das Kloster glücklicherweise verschont.[3]) Zum Danke dafür verordnete Abt Castelberg die festliche Begehung des 13. December, des Tages der hl. Lucia, was zu Van der Meers Zeiten noch in Uebung war.[4])

In der Landschaft befanden sich die gottesdienstlichen Stätten vielfach in einem bedenklichen Zustande des Verfalles. Der Abt liess sie renovieren oder neu erbauen. Das Hospiz auf dem Lukmanier, eine Stiftung des Abtes Johann III. von Maladers aus dem Jahre 1374,[5]) erhob sich vom Verfall; ebenso die daselbst gelegenen Kapellen der hl. Jungfrau und des hl. Gallus und die St. Benedictskirche ob Somvix, die ausserdem mit Wandgemälden und Fahnenkreuz ausgestattet wurden.[6]) Zu Danis, das nahezu eine Stunde von der Pfarrgemeinde Brigels entfernt liegt, liess Castelberg 1581 auf seine Kosten eine der hl. Dreifaltigkeit geweihte Kapelle errichten, welche 1658 durch die Kapuziner zur jetzigen Pfarrkirche erweitert worden ist.[7])

Diese durchgreifende regeneratorische Thätigkeit Castelbergs, welche von den rätischen Chronisten und Geschichtschreibern mit einem Stillschweigen übergangen wird, das selbst einem Melchior Schuler befremdend vorkommt,[8]) darf gewiss zum wenigsten auch Anspruch machen auf die Anerkennung und Bewunderung, wovon dieselben Autoren so ganz erfüllt sind, als Johann Travers, der Krieger und Diplomat, in seinen alten Tagen gottbegeistert die evangelische Kanzel von Zuz bestieg.

---

[1]) Vgl. Bundi p. 386, Syn. 127 ff., Van der Meer 127 ff., Eichhorn 265.
[2]) Syn. 118.
[3]) Bundi, p. 356; Ardüser, Rätische Chronik (1614), herausg. von Bott 1877, p. 65. Im Dorfe brannten 12 Häuser nieder.
[4]) Van der Meer, 119.
[5]) Syn. 54.
[6]) Ueber das zu St. Benedict ob Somvix von Abt Heinrich von Werdenberg um das Jahr 1267 gegründete und bis um die Mitte des 16. Jahrh. bestehende »Collegium Devotorum« vgl. Eichhorn 232 und C. D. I. 10.
[7]) Clemente, Storia delle missioni, p. 431.
[8]) Sitten und Thaten der Eidgenossen, II., p. VIII. und 208.

3. Castelberg als Verwalter. Des Abtes politische Stellung.

In richtiger Einsicht, dass zu einem dauernden Gedeihen des Stiftes eine solide materielle Grundlage nothwendige Bedingung sei, vergass Christian von Castelberg über seinen anderen Beschäftigungen nicht die Sorge für die Oekonomie. Einen entscheidenden Schritt hierin bezeichnet die erwähnte Beseitigung der Kastvogtei; nun konnten die Einkünfte direct in die Hände des Abtes gelangen. Nichtsdestoweniger dürfen wir uns die Lage des Stiftes in dieser Beziehung nicht zu rosig vorstellen. Die vorausgehende Periode hatte die Untergebenen zu sehr einer pünktlichen Erfüllung ihrer Pflichten entwöhnt.

Zuerst sehen wir den Abt gegen verschiedene Urserer vorgehen, welche seit einiger Zeit die Zahlung der schuldigen Zehnten eingestellt hatten. Im Jahre 1569 kam eine Vereinbarung zu stande, bei welchem Anlass Castelberg die Ansprüche des Klosters von neuem genau schriftlich fixieren liess.[1]) Das gleiche geschah 1579 in betreff von Alpzinsen zu Tavetsch durch einen Spruch des Disentiser Gerichtes unter dem regierenden Ammann Dominik Buldet. Es handelte sich um die dem Kloster angehörenden Alpen in Vals und Val-Giuf, welche von jeher den Nachbaren zu Tavetsch als Erbleben überlassen worden waren. Dafür zahlten diese einen jährlichen Zins (den ewigen Zins, rütorom. tscheins fier), der wie anderwärts in Alpproducten bestand. Die Forderung des Abtes und seines Fürsprechs Conrad Gieriet, Säckelmeister zu Medels, ging dahin, „die Alpgenossen söllendt einem Herren zu Tyssentis fünf Zentner Khess (Käse) järliches Zins und mit der grossen Wag üss ihren Spicher weglassen, vor und ehe sy von einanderen zertheilen, und guot, feist gesalzen Khess." Im Namen der Tavetscher erschienen vor Gericht Statthalter Deg (Benedict) Durschey und Alt-Säckelmeister Jacob Berchter mit dem Fürsprech Statthalter Merens (Othmar) Michell von Brigels. Das Urtheil erkannte, „die obgemelten Alpgenossen sellent ein Herren zu Tyssentis ein Tag vor und ehe sy ir Khess von einander theilendt, ein Herren wüssen lassen. Und alsdan so mag Ihr F. G. (Fürstliche Gnaden) einen Diener ihnen schicken mit einen grossen gerecht und gewerig Wag, die da gerecht syge. Und wenn aber der Diener nit khont mit deren Alpgenossen übereins werden mit den wegen (mit dem Wägen), so mag alsdan

---

[1]) Syn. 114. — 1649 kauften sich die Urserer unter ihrem Ammann Seb. Hug von allen Verpflichtungen gegenüber dem Gotteshause — den Kirchensatz ausgenommen — für 1500 Urnergulden los. Der Abt gab seinen Brief heraus, der, nebst demjenigen der Urserer, nun zerschnitten im Thalarchiv liegt. A. Müller und Jos. Schneller, Urkunden-Regesten des Thales Urseren, 1317—1525, im Geschichtsfreund, VIII, (1852) S. 132, Anm. 1.

Ihr F. G. den Weybel in Tavetsch nemmen und derselbig wegen lassen bey sinen Eydt mit einen grossen gerechten Wag und auch wolgesalzen, guoten feisten Kless, das einen Herren ein guot benügen habe." ¹) — Auch die schon mehrmals berührten Grenzstreitigkeiten mit den Nachbaren jenseits des Lukmanier kehren unter der Regierung Castelbergs wieder. Am 10. Sept. 1579 wurden verschiedene Anstände betreffend Grenze und Markstein der Alp Crusch auf dem Lukmanier durch einen Entscheid von Dominik Buldet und Werner Kils aus Uri, Vogt des Blegnothales, gütlich beigelegt. ²)

Ungleich wichtiger und folgenschwerer sind zwei weitere Amtsverrichtungen des Abtes: die Inempfangnahme eines Antheiles aus dem Vermögen des aufgehobenen Stiftes Kazis und der Verkauf der Alp St. Maria auf dem Lukmanier.

Das Frauenstift Kazis im Domletschg, eine Stiftung der Churer Bischöfe Pascalis und Victor aus dem 9. Jahrhundert, fiel dem Ilanzer Artikelbrief zum Opfer. 1565 wurde es als aufgehoben erklärt, die wenigen noch übrig gebliebenen Nonnen pensioniert und der aus den bedeutenden Gütern gezogene Erlös unter die Gemeinden des oberen Bundes vertheilt. Disentis, Tavetsch und Brigels verwendeten einen Theil der ihnen zugefallenen Summe zur Tilgung der Gemeindeschulden; den Rest im Betrage von 248 Gulden boten sie dem Abte an behufs Errichtung einer Schule im Kloster. Ein Lehrer und vier Schüler sollten damit unterhalten werden. ³) Castelberg ging darauf ein. Wohl mit Unrecht tadeln ihn die Chronisten aus dem Grunde, weil er säcularisiertes Kirchengut angenommen habe. Denn nachdem die Aufhebung von Kazis vollendete Thatsache war, konnte das Vermögen wohl zu keinem besseren Zwecke verwendet werden, als zur Gründung einer katholischen Lehranstalt im Oberland. Wohl hätte aber eine ernste Erwägung der Folgen jenes Anerbieten verdächtig erscheinen lassen können. Denn hiedurch gerieth das Stift wieder in einem Punkte mehr in die Abhängigkeit des Hochgerichts. In der That geht die in der Convention von 1643 fixierte ⁴) und heute noch bestehende Obliegenheit des Klosters, für den Kreis Disentis eine Realschule zu unterhalten, in ihren Anfängen auf diese Zeit zurück. Es änderte

---

¹) Urk. (Copie) im Gemeindearchiv Tavetsch, abgedr. bei Muoth, Die Thalgemeinde Tavetsch, in »Bündner. Monatsblatt« 1898, p. 74.
²) Syn. 122.
³) Disentiser Protokoll, angeführt bei Stöcklin, Breve Chron. p. 26.
⁴) Zum sechsten soll ein Herr Prelat zue Underweisung der Jugend in des Gottshaus Kosten einen Schuolmeister bestellen und erhalten, er sey geistoder weltlich, innert oder ussert dem Gottshaus. Decurtins, Landrichter Maissen, Beil. 12, l. c. p. 428 ff.

nämlich nichts am Bestehenden der Umstand, dass Abt Adalbert II. im Jahre 1666, als unter Bischof Ulrich de Mont das Stift Kazis wieder hergestellt worden, so loyal war, für den empfangenen Betrag nebst Zinsen 600 Gulden zurückzuerstatten.[1])

Die grosse und schöngelegene Alp St. Maria auf dem Lukmanier war seit Jahr und Tag den Leventinern in Pacht gegeben worden. Im Mai 1572 veräusserte Castelberg dieselbe endgiltig; es war dies unstreitig ein Verlust für das Stift Ohne Zweifel haben die grossen Kosten, welche die Restauration des Klosters verursachte, den Abt zu diesem Schritte veranlasst. Als Käufer figuriren die Degagna (Markgenossenschaft) Osco bei Faido für zwei Drittel und die Degagna Termoglio für ein Drittel. Der Preis betrug 4600 Gulden und wurde sofort entrichtet. Vorbehalten blieb dem Kloster Gebietsherrlichkeit und das Vorkaufsrecht bei eventuellem Wiederverkauf; ferner das Recht, alljährlich 16 Kühe, 2 Ochsen und 2 Pferde unentgeltlich auf die Alp zu treiben.[2])

Nach dem Berichte Stöcklins[3]) sollen beim Verkaufe der Alp St. Maria auch weniger lobenswerte Motive mitgespielt haben. Er meldet, Abt Castelberg habe die Alp um den geringen Preis von 1200 Gulden seinem Bruder Sebastian überlassen, welcher beim Wiederverkaufe derselben an die genannten Genossenschaften der Leventina einen ansehnlichen Gewinn daraus zu schlagen gewusst habe. Da jedoch der Kaufbrief keine Andeutung enthält, dass Sebastian von Castelberg beim Vertrage irgendwie betheiligt gewesen, da ferner eine solche Handlungsweise mit der Persönlichkeit des Abtes und der beiden Unterschreibenden, Ammann Dominik Baldet und Landschreiber Paul Deflorin, sich kaum vereinbaren lässt, ist die Glaubwürdigkeit der Angabe Stöcklins wohl sehr in Zweifel zu ziehen, zumal wir des Chronisten Gesinnung gegen die „intrudicirten" Aebte kennen. Ob und inwiefern übrigens Abt Castelberg durch Begünstigung seiner Angehörigen — das 16. Jahrhundert dachte bekanntlich in dieser Beziehung ein wenig anders als die Jetztzeit — dem späteren Chronisten Anhaltspunkte zu seinem scharfen Urtheil gegeben hat, entzieht sich unserer Ermittelung.

Interessant ist es zu erfahren, dass Abt Christian von Castelberg im Jahre 1574 das Münzregal gegen einen jährlichen

---

[1]) Van der Meer, 125.

[2]) Urkunde im Archiv zu Osco (gütige Mittheilung von cand. jur. Fr. Cattaneo in Faido); Copien, deutsch und italienisch, im Copialbuch im Klosterarchiv Disentis, p. 40 ff. — Die Alp St. Maria befindet sich heute noch im Besitze der genannten Genossenschaften; auch die vorbehaltenen Rechte werden noch jetzt vom Kloster ausgeübt.

[3]) Breve Chron. p. 25.

Zins einigen Bürgern von Chur und Ulm verlieh.[1]) Aus der Zeit Castelbergs datieren auch die ältesten Exemplare aus der bescheidenen Anzahl uns erhaltener Disentiser Münzen, welche als kostbare Raritäten die Museen des In- und Auslandes zieren. Es sind ein Silberpfennig, ein Kreuzer und ein Silberdicken, wovon die beiden ersten die ecartellierten Wappen der Abtei (Andreaskreuz) und des Abtes (Pelikan) tragen, der letztere, aus dem Jahre 1571, mit einer Büste versehen ist, die an diejenige Pius' V. auf Bologneser Münzen erinnert.[2])

Das Recht Münzen zu prägen, leiteten allem Anscheine nach die Disentiser Aebte vor und nach Castelberg unmittelbar aus der reichsfürstlichen Stellung des Stiftes ab.[3]) Ueber eine eigene diesbezügliche kaiserliche Urkunde konnte sich wenigstens Abt Marian von Castelberg im Jahre 1729 nicht ausweisen.[4]) Die Bestätigung sämmtlicher Privilegien des Stiftes vom Jahre 1571 umfasste somit implicite auch das Münzrecht, wie denn auch der

---

[1]) Syn. 121; es sind genannt Joh. Rüeffer, Jodokus Meyer, Joh. Jac. Hemmerer und Jacob Neff.

[2]) Das erste Stück besitzt das Museum in Genf, das zweite besass s. Z. Prof. A. Busson in Wien, das dritte wertvollste besitzt das Münzkabinet München. Abbildungen des ersten und dritten gibt Coraggioni, Münzgeschichte der Schweiz (1896), Tafel XXXV. — Ueber die Münzen von Disentis siehe A. Busson in der Wiener Numismatischen Zeitschrift IX. Bd. (1877), C. F. Trachsel in der »Revue scientifique Suisse«, 1879, p. 86, 184 und 221; Fritz von Jecklin in der »Revue Suisse de Numismatique«, 1891, p. 56; Coraggioni, l. c. p. 110.

[3]) Dies war auch ganz richtig; besassen ja alle Reichsfürsten älterer Zeit ipso facto das Münzrecht. Vgl. Th. von Lietenau, Besass die Abtei Pfäfers das Münzrecht? in »Bulletin de la Soc. Suisse de Numismatique« 1890, p. 125.

[4]) Beachtung verdient trotzdem die Notiz Bucelins (Rhaetia, p. 312) und Haller's (Schweiz. Münz- und Medaillen-Kabinett, II, 373), wonach Abt Johann Schnag 1466 durch kaiserliches Diplom das Münzrecht erhalten habe. Busson (l. c., p. 5 des Sep.-Abdr.) und nach ihm Jecklin (l. c. p. 57) ziehen diese Angabe deswegen in Zweifel, weil Schnag erst 1467 Abt geworden sei, somit nicht schon im Jahr vorher das Münzrecht erwerben konnte. Diese Annahme beruht auf Mohr (Verzeichnis der Aebte von Disentis als Anhang zu den Regesten) und in letzter Linie wohl auf Eichhorn (p. 244), welcher ohne nähere Zeitangabe bezüglich der Wahl des Nachfolgers einfach meldet, Johann V. sei am 12. Dec. 1466 mit Tod abgegangen. In Wirklichkeit aber wurde nach dem übereinstimmenden Bericht aller anderen Quellen Johann VI. Schnag noch 1466 zum Abte gewählt (Stöcklin, Breve Chron. p. 19; Syn. p. 68; Van der Meer, p. 74), was mich hinwieder geneigt macht, in diesem Falle vor Eichhorn der Synopsis den Vorzug zu geben, welche als Todestag Johanns V. den 13. November angibt. — Schon vor Bucelin schrieb Aug Stöcklin in seiner Brevis Chronologia, Nr. 51: Abbas Disertinensis jus cudendae monetae seu percussurae proprii numismatis ab imperatore accipit anno circiter 1466. Dagegen scheint mir bezüglich der Glaubwürdigkeit dieser Angaben ein anderes Bedenken schwerwiegender zu sein: Wie konnte es kommen, dass der gleiche Abt Johann Schnag 11 Jahre später vom Hochgericht Disentis aufgefordert wurde, sich das Münzrecht zu verschaffen (s. oben S. 36)? Oder handelte es sich hiebei etwa bloss um die praktische Ausübung des früher erlangten Privilegs?

Abt noch in demselben Jahre zu münzen begann. Bis Ende des 17. Jahrhunderts hören wir nun nichts mehr von einer Ausübung des Münzrechtes. Abt Adalbert Defuns (1696—1716) griff die Münzprägung wieder auf,[1]) welche, von Gallus Defloria (1716—24) fortgesetzt, unter Marian von Castelberg (1724—42) Höhepunkt und Ende erreichte. Als nämlich Abt Marian zu Bonaduz auf Razünser Gebiet eine neue Münzstätte errichten liess[2]), wurden von verschiedenen Seiten Klagen laut, bis endlich ein kaiserliches Decret vom Jahre 1729 dem Abte jede weitere Ausübung des Münzregals definitiv untersagte.

Bei der Disentiser Münzgeschichte darf der Umstand nicht unbeachtet bleiben, dass seit 1477 das Hochgericht einen Antheil am Münzregal besass. Dies hängt damit zusammen, dass Kloster und Landschaft auch die Bergwerke gemeinsam besassen.[3]) Ob irgend ein Abt vor Christian von Castelberg, ob insbesondere Johann Schnag, der Aufforderung des Hochgerichts gemäss, das Münzrecht ausgeübt hat, wissen wir nicht, da aus dieser früheren Zeit keine Münzen erhalten sind. Dagegen dürfen wir annehmen, dass bei der Anhandnahme der Münzprägung durch Castelberg ähnliche Motive eingewirkt haben, wie später unter Adalbert Defuns: die Befestigung der politischen Stellung der reichsunmittelbaren Abtei.

Dies leitet uns über auf die Betrachtung des Abtes Christian von Castelberg in seiner Eigenschaft als Haupt des grauen Bundes und Fürst des römischen Reiches.

Das Erzübel, welches an dem damaligen politischen Leben in Bünden zehrte, war das Pensionenwesen und der damit zusammenhängende Aemterkauf. Wiederholt hatten die Häupter des Landes auf Bundes und Beitagen Verbote dagegen erlassen[4]), ein Zeichen, dass es keineswegs an der richtigen Einsicht fehlte. Leider fehlte es aber nur an gutem Willen und an der nöthigen Energie, um den Beschlüssen Nachachtung zu verschaffen; hatten ja gerade jene den Vortheil am Unwesen, welche zur Heilung desselben in erster Linie berufen gewesen wären.

Die Reaction dagegen zeigt sich sehr deutlich in den tumultuarischen Volksgerichten, welche der rätischen Geschichte

---

[1]) Ein noch unedierter Hohlpfennig dieses Abtes wurde neulich durch Fritz Jecklin für die cantonale Münzsammlung des Rätischen Museums in Chur erworben.

[2]) Früher hatten die Aebte die Münzen immer ausser Landes prägen lassen.

[3]) Jecklin, l. c. p. 58.

[4]) Wir erinnern an den Pensionenbrief von 1500, an die Erlasse von 1542, 1551, an das Gesetz des Zehngerichtenbundes vom 28. Mai 1561. C. Jecklin, Urk. zur Verfassungsgesch. Graub. Nr. 36, 44 und 46, Anm.; Sprecher Rhet. Cronica, 209 f.

in der zweiten Hälfte des 16. und in der ersten des 17. Jahrhunderts ein so blutiges Gepräge geben. Gerade im Jahre bevor Castelberg zur Regierung gelangte, hatte das durch die Erneuerung des französischen Bündnisses veranlasste Zuzer Strafgericht dem Volkswillen unzweideutigen Ausdruck verliehen. Unter dem Eindruck solcher Vorgänge vereinbarten am 3. Mai 1589 die Häupter des oberen Bundes Christian von Castelberg, Johann Planta von Räzüns und Jacob Schmid als verordnetes Haupt der Herrschaft von Sax, gemeinsam mit Landrichter, Räthen und Gemeinden des ganzen Bundes, dass künftighin bei den Wahlen alles „Practiciren" unter Strafe der Ehr- und Eidlosigkeit untersagt sein solle.¹) Diese Bestimmungen wurden im folgenden Jahre durch den sog. Kesselbrief und 1574 durch den Dreisieglerbrief erweitert und für alle drei Bünde verbindlich erklärt.²)

Im übrigen scheint Abt Castelberg von den politischreligiösen Händeln und den Intriguen der Parteien sich möglichst fern gehalten zu haben. Dies geht daraus hervor, dass er weder bei den als Nachspiele des Processes Planta auftauchenden Strafgerichten in Mitleidenschaft gezogen erscheint, noch sonst je unter den Bestraften sich findet. Und doch genügte damals bekanntlich der leiseste Verdacht einer Mitschuld, ja unter Umständen bloss die Anrufung eines eidgenössischen Schiedsgerichtes, um auf die Proscriptionsliste gebracht zu werden. ³)

In der That war zu jener Zeit eine möglichst neutrale Politik die einzig richtige, weil den politischen und ökonomischen Verhältnissen des Landes am besten Rechnung tragend. Hätte diese Partei der „Patrioten" damals die Oberhand bekommen, so wären wohl die Greuel der späteren Wirren dem Freistaate erspart geblieben. Dem Disentiser Abte mochte eine neutrale Haltung auch insofern gerathen erscheinen, als er als Reichsfürst sowohl zu Oesterreich, als durch die Tradition seiner Familie, vor allem durch den Bruder Sebastian, zu Frankreich Beziehungen hatte. Seine Regierung fällt übrigens in eine Zeit, wo unter den schwachen Söhnen Heinrichs II., infolge der innern Kriege in Frankreich, in dem Kampfe zwischen der habsburgischen und französischen Macht ein Ruhepunkt eingetreten war.

Es mag hier der Ort sein, dem ebengenannten Sebastian

---

¹) Reg. v. Dis. Nr. 309.
²) Jecklin, Urk. Nr. 45 und 46.
³) Ganz unbestimmt lautet die Notiz der Synopsis ad annum 1573, p. 120: Enarrantur hoc anno (sc. in annalibus) turbulentissima Rhaetiae nutantis circa necem Domini Rhaetiensis et confiscationem bonorum eius consilia, et iterata censoria judicia, aliaque patriae mala intestina, quibus medendis Abbas Christianus, quod suarum virium erat, nihil deesse passus est.

von Castelberg einige Worte zu widmen, der während der 70er und 80er Jahre des 16. Jahrhunderts einer der einflussreichsten Männer des oberen Bundes war.[1]

Seit dem Zusammenbruch der feudalen Institutionen des Mittelalters war, wie anderswo, der rätische Adel, wollte er nicht verarmen, auf die fremden Dienste angewiesen. So treffen wir auch Hauptmann Seb. von Castelberg 1568—70, 1573 und 1575 in königlich-französischen Diensten an den Religionskriegen theilnehmend. Das erstemal scheint er ohne obrigkeitliche Erlaubnis mit seinem Fähnlein ausgezogen zu sein.[2] An den glänzenden Waffenthaten der Schweizer während des Jahres 1569 war er mitbetheiligt.[3] Als im Frühjahr 1570 die beiden Schweizer Regimenter Pfyffer und Cléry entlassen wurden, kehrte auch Castelberg in die Heimat zurück, wo ihm bald darauf die Ehre und die Freude zu Theil wurde, der Abtsweihe des Bruders beizuwohnen.

Es liegt auf der Hand, dass Hauptmann von Castelberg die Politik des Landes genau verfolgte. Wir finden ihn 1573 unter denjenigen, die zur Bestreitung der durch den Process Planta verursachten Kosten herangezogen werden.[4] Die ihm zugedachte Strafe muss bedeutend gewesen sein. Denn wie aus einem Schreiben des Abtes an den Rath von Luzern vom 11. Febr. 1573 hervorgeht,[5] war man daselbst wegen eines vom Hauptmann zu fordernden Guthabens besorgt. Der Abt beruhigt die Rathsherren mit dem Bemerken, dass laut Abkommen mit den Bünden alles Gut des Bruders „friendig sei und sin eigen, wie vor, darum Ewer Ehrsam weysheit nit sorgen soll, an im nütt zu verlieren sigend, sondern ehrlichs bezahlt werden." Uebrigens scheint die finanzielle Lage Sebastians um diese Zeit nicht glänzend bestellt gewesen zu sein, was theilweise mit seinem freigebigen und prachtliebenden Wesen zusammenhängen und seine abermalige Abreise veranlasst haben mag. Im Frühsommer 1573 finden wir ihn nämlich unter den schweizerischen Hauptleuten vor dem be-

---

[1] Domi forisque longe spectatissimus nenut ihn der, Epitheta ornantia freilich nicht abgeneigte Bucelin, Rhaetia, p. 380.

[2] Sprecher, Rhet. Cronica, 170.

[3] Die Notiz des sonst im allgemeinen gut unterrichteten Sprecher (Cronica p. 170 f.), dass Castelberg am 3. Oct. 1569 bei einem Angriff des Herzogs von Anjou auf La Rochelle mit Bündnertruppen dabei gewesen sei, kann nicht richtig sein: an jenem Tag erfochten Schweizerwaffen den Sieg von Moncontour. Da überhaupt, so viel mir bekannt, um diese Zeit keine grössere Waffenthat vor La Rochelle vorfiel, ist jene Notiz möglicherweise auf die berühmte Belagerung dieser Stadt vom Jahr 1573 zu bezichen, bei der Hauptmann von Castelberg wirklich zugegen war. Vgl. A. Ph. v. Segesser, Ludvig Pfyffer und seine Zeit, I, 584 ff. und II, 205 ff.

[4] Eichhorn, 166.

[5] Staatsarchiv Luzern, Bündner Acten, Fasc. 13.

lagerten La Rochelle.¹) 1574 erscheint er urkundlich als Landammann von Disentis,²) im folgenden Jahre aber wieder in Frankreich, wo er von Heinrich III. mit dem St. Michaelsorden ausgezeichnet wurde, eine Ehrung, die für seine Treue und seine Verdienste im Dienste des Königs genugsam spricht.³)

Mit bedeutenden Geldmitteln⁴) in die Heimat zurückgekehrt, begann Castelberg auf der weithin sichtbaren Anhöhe an der Ostseite des Dorfes Disentis den Bau des Schlosses Caschliun, welches der neue Stammsitz der Familie wurde. Von diesem Zeitpunkte an widmete er seine Kräfte nur mehr dem rätischen Vaterlande, welches ihn in rascher Stufenfolge zu den höchsten Aemtern berief. Schon 1563 tritt er uns als Richter entgegen in einem Grenzstreit zwischen Tavetsch und Urseren.⁵) 1568 bekleidete er bis zur Abreise nach Frankreich die Landvogtei zu Maienfeld. Er wurde sodann Bannerherr und Landammann zu Disentis und in den Jahren 1576, 1579 und 1582 Landrichter des oberen Bundes. Die wiederholte Uebertragung der höchsten Stelle im Lande beweist die Beliebtheit und das Ansehen, das er unter dem Volke genoss.

Wiederholt wurde Sebastian von Castelberg zu Gesandtschaften ins Ausland verwendet. Als 18jährigen Jüngling treffen wir ihn 1558, bereits mit dem Titel eines Hauptmanns, als Verordneten des grauen Bundes unter den bündnerischen Gesandten beim Dogen von Venedig⁶), 1576 in gleicher Eigenschaft am Hofe des Erzherzogs Ferdinand von Oesterreich.⁷) 1577 wieder in Venedig,⁸) und im November 1582 anlässlich der Bundeserneuerung am Hofe Heinrichs III. von Frankreich.⁹)

Die Stellung des Bruders war geeignet, das Ansehen des Abtes zu erhöhen und dessen religiöse und politische Bestrebungen wirksam zu unterstützen. Sebastians streng katholische Gesinnung bekunden die belobenden, wir möchten fast sagen schmeichelhaften Worte, die kein geringerer als der Nuntius Bonhomini ihm in seinen Briefen spendet, ¹⁰) sowie der Umstand, dass er durch Be-

---

¹) Zurlauben, Histoire militaire des Suisses IV, 432.
²) Urk. im Klosterarchiv Disentis.
³) Rott, Inventaire sommaire V, 51; Leu, Lex. V, 150.
⁴) Am 27. Mai 1575 quittiert Hauptmann von Castelberg dem Schatzmeister des Königs für 300 Goldthaler »en don«. Rott, l. c. IV, 746.
⁵) Urk. im Gem.-Arch. Tavetsch.
⁶) Cérésole, Relevé des manuscripts des archives de Venise se rapportant à la Suisse et aux III. Ligues Grises, p. 38.
⁷) Ardüser, Chronik, 64.
⁸) Cérésole, l. c. 40; Ardüser, Chronik, 65.
⁹) E. A. IV. 2. 788; Ardüser, Chronik, 73.
¹⁰) Der Nuntius schreibt am 5. Juli 1580 von Chur aus an den Abt: Quod fratri tuo germano, quem quidem Grisei foederis quasi principem virum appellem licet, dum hic sancti Pauli comitiis interesset, nescio, quam amicitiae

treibung der über die Erfolge Borromeos erbitterten Evangelischen¹) im Jahre 1585 zugleich mit Gallus de Mont und Rudolph von Schauenstein seines Amtes in Kleven entsetzt wurde. ²) Dies hinderte allerdings nicht, dass er nach der Revision der Klevner Artikel 1587 zum Landeshauptmann im Veltlin ernannt wurde. Eine hartnäckige Krankheit, welcher er im gleichen Jahre, obschon erst 47 Jahre alt, erliegen sollte, machte es ihm aber unmöglich, das Amt in Wirklichkeit anzutreten. ³)

Sebastian war in erster Ehe mit Katharina de Caverdiras, in zweiter mit Agatha Deflorin vermählt. ⁴) 3 Söhne und 2 Töchter wuchsen um die Eltern heran. Johann, der älteste der Söhne und einzige aus erster Ehe, starb im gleichen Jahre, wie der Vater. ⁵) Von Johann's Söhnen bestieg der eine, Sebastian, 1614 den Prälatenstuhl von Disentis, während der andere, Konradin, bestimmt war, das Geschlecht auf ehrenvoller Bahn weiter zu führen.

Das Schloss Caschliun liess Hauptmann Castelberg in vornehmer Weise ausstatten. Die Notiz der Synopsis, ⁶) dass Abt Christian nur selten an den häufigen und glänzenden Gastmählern des Bruders theilgenommen habe, deutet die dementsprechende Einrichtung des Haushaltes an. Eine besondere Freude und Genugthuung war es für Sebastian, als er im August 1581 anlässlich des Besuches des hl. Karl Borromeo in Disentis den gefeierten Cardinal für kurze Zeit in seinem Hause beherbergen konnte. Damit haben wir auch zugleich eines der schönsten Blätter Disentiser Geschichte berührt.

4. Des Abtes Christian letzte Regierungsjahre. Bonhomini und Borromeo in Disentis.

Während der Periode des Wiederaufblühens der Disentiser Abtei unter dem kräftigen Regiment Christians von Castelberg

---

significationem exhibuerim, id quidem eximiae potius illius virtuti adscribendum est, quam officio ulli meo, sed qualecumque fuerit, eo etiam promptius illud exhibitum est, quod fratrem tuum, nempe ecclesiastici viri, cuius authoritas est hisce in partibus non mediocris, magnumque in religione promovenda adiumentum afferre potest, fratrem amplecti me animadverterem. Itaque et tua et illius causa illum debui omnibus humanitatis officiis prosequi, quemadmodum illius virtutem ac pietatem magni faciam semper. Bundi, Beil. VIII. l. c. p. 558.

¹) Auch bei Karl Borromeo, wie bei Pius IV. spielte die nahe Verwandtschaft mit dem Kastellan von Musso eine Rolle. Borromeos Mutter Margaritha war nämlich eine Schwester des Giangiacomo Medici und Pius' IV.
²) Urk. im Stadtarchiv Chur, citiert bei Fetz, Gesch. der kirchen-politischen Wirren im Freistaat der drei Bünde, p. 102.
³) Ardüser, Warhaffte Beschreibung, p. 23.
⁴) Bucelin, Rhaetia, 330.
⁵) Ardüser, l. c.
⁶) p. 127.

fristete das Bisthum Chur ein wenig beneidenswertes Dasein. Beat a Porta weilte seit 1574 zu Fürstenburg. Unterdessen schaltete der Gotteshausbund beliebig mit den Gütern des Bisthums, und die Glaubensneuerung machte, besonders im Engadin, immer weitere Fortschritte. Am 12. Nov. 1579 schrieb Bonhomini an Karl Borromeo, das Bisthum Chur sei ohne schleunige und wirksame Hilfe dem unausweichlichen Untergang verfallen.[1])

Der genannte Giovanni Francesco Bonhomini (Bonomi), Bischof von Vercelli, ein Mann von Thatkraft und kirchlichem Geist, war im Mai 1579 auf Verwenden des Mailänder Cardinals von Gregor XIII. zum Nuntius und Visitator im Gebiete der katholischen Orte und der Bisthümer Chur und Sitten ernannt worden. Noch in demselben Jahre besuchte er die Schweiz; im folgenden riefen ihn die Wirren des Bisthums Chur nach Rätien. Der zur Erledigung der kirchlichen Angelegenheiten zu Chur versammelte Bundestag vom 12. Juli 1580 blieb ergebnislos. Die Sache wurde auf Martini verschoben. Die Zwischenzeit benutzte Bonhomini, um abermals die katholischen Orte zu besuchen. Den Weg dorthin nahm er über Disentis.

Abt Castelberg hatte bereits im April 1580 einen Brief an Bonhomini geschrieben und denselben nach dem Gotteshause der hl. Placidus und Sigisbert eingeladen.[2]) In dem Antwortschreiben, datiert aus Chur den 5. Juli 1580,[3]) drückt der Nuntius seine Freude und Befriedigung aus über die Frömmigkeit und den Glaubenseifer des Abtes und seines Bruders Sebastian.[4]) Dieser befand sich damals bei Anlass des Bundestages eben zu Chur und wird ohne Zweifel die Bitte des Abtes kräftig unterstützt haben.

In der That traf Bonhomini am 23. Juli, einem Samstag, in Disentis ein[5]) und verblieb daselbst mehrere Tage.[6]) Am

---

[1]) Guiseppe Colombo, Notizie e documenti inediti sulla vita di M. Giov. Francesco Bonomi, in: Miscellanea di Storia italiana, XVIII. (1879), 576.

[2]) Dies thaten bekanntlich nicht alle Aebte und Prälaten damaliger Zeit!

[3]) Bonhomini hatte den Brief des Abtes erst anfangs Juli zu Chur erhalten.

[4]) In iis (sc. litteris) quasi in clarissimo speculo pietatem tuam perspexi, atque ardentem divinae gloriae zelum. Vgl. dazu das Citat oben p. 94 Anm. 10. Bundi, Beil. VIII, l. c. 558 ff., wo 5, dem Cod. D, II, 36 in der Casanatense zu Rom entnommene Briefe Bonhominis an Castelberg abgedruckt sind.

[5]) Geht hervor aus einem Brief vom 20. Juli aus Chur, durch welchen er seine Ankunft angekündigt. Casanatense, Cod. D, II, 36, ep. 102. Dieser Brief fehlt bei Decurtins, Bundi l. c.

[6]) Verschiedene Briefe Bonhomini's vom 24. 25., und 26. Juli sind aus Disentis datiert. Diese beziehen sich hauptsächlich auf die Angelegenheiten des Bisthums; der eine vom 26. ist theilweise citiert bei Colombo l. c. 577, wo jedoch infolge Lesefehlers der Ausstellungsort Tuxis — was an Thusis erinnern würde — anstatt Tisitis heisst. (Bibl. Ambr. F, 96. p. inf. Lett. 8, fol. 13). Am 27. zog der Nuntius über die Oberalp; vom 28. finden sich Briefe, die er in Altdorf geschrieben.

Sonntag, den 24. Juli, theilte er in Disentis das hl. Sacrament der Firmung aus, wie er dem Abte zum voraus gemeldet hatte, damit die Umgebung sich leicht dazu einfinden könne. In dem genannten Schreiben vom 26. Juli an Karl Borromeo bemerkt der Nuntius, er habe in Disentis viele Personen gefirmt, jedoch aus „würdigen Rücksichten" keine förmliche Visitation vorgenommen.[1]) Diese Worte deuten hin auf den guten Eindruck, den Bonhomini in Disentis erhielt, und dem er wiederholt in seinen Briefen Ausdruck verleiht.[2]) Der Nuntius erkannte sofort, dass Abt Castelberg die hervorragendste Persönlichkeit unter dem Clerus in Rätien war, und dies veranlasste ihn bald darauf, in wichtiger Angelegenheit sich von neuem an den Abt zu wenden.

Nachdem der Nuntius die katholischen Orte besucht hatte, nahm er den Weg über München nach Innsbruck zu Erzherzog Ferdinand. Darauf erfolgte eine Zusammenkunft mit Beat a Porta zu Fürstenburg.[3]) Der kranke Bischof war nicht mehr zur Rückkehr in seine Residenz zu bewegen; vielmehr resignierte er in die Hände des Nuntius auf die bischöfliche Würde.[4])

Es entging Bonhominis scharfem Blicke nicht, wie viel unter den obwaltenden Umständen auf eine glückliche Wiederbesetzung

---

[1]) Ho chrismato assai persone, ma non visitato formalmente per degni rispetti.

[2]) In einem Schreiben an den Cardinalstaatssecretär (Tolomeo Galli von Como, daher »Cardinal di Como« genannt), datiert Luzern 1. Aug. 1580, unterstützt er die Bitte des Bischofs und des Abtes um »qualche aiuto per far instruire figliuoli nella disciplina ecclesiastica, che habbiano a esser sacerdoti, poiché in quelle parti di Tisitis et in altre molte de' Grisoni, dove si usa la lingua Romancia, n'è grandissima carestia; però, fährt er weiter, et per il bisogno do' sacerdoti di quella lingua, che certo è grande, et per l'Abbate stesso, qual ho visto, che non solo ha restituito il suo monastero, che era destrutto et dissipato, ma anche fa qualche profitto intorno alla religione in quel paese, dove molti heretici per opera sua si riducono, non posso se non raccomandarlo strettamente a V. S. Illma et a N. Sre con dire, che sarà bene impiegata ogni gratia, che si farà in aiuto del buon desiderio di questo Abbate« Arch. Vat. Nunz. Germ. 103, fol. 288. Copie im Bundesarchiv Bern.

[3]) Es war dies die zweite; die erste hatte im Februar dieses Jahres stattgehabt. Ehses und Meister, Nuntiaturberichte aus Deutschland, 1584—1590 in: Quellen u. Forsch. herausg. von der Görres-Ges. IV. Bd. (1895) p. 27 der Einl.

[4]) Der Erzherzog Ferdinand hatte den Bischof Beat in Schutz genommen, in Rom war man aber mit dem, allerdings kategorischen Vorgehen des Nuntius einverstanden. S. Theiner, Ann. eccles. III, 164 ff. und Ehses u. Meister, l. c. p. 29 der Einl. — J. Fr. Fetz (Das Bisthum Chur, im Schematismus der Geistlichkeit, 1869, p. 179, n.: Die Schirmvögte des Hochstiftes Chur u. die Reformation, p. 125 u. 129) verkennt bei pietätsvoller Auffassung der Persönlichkeit Beats die wahre Bedeutung Bonhominis. Dies wundert uns zwar weniger, wenn wir ebenda von »einem Nuntius de Lyverdis, Bischof von Vercelli und zugleich Gesandten des Königs von Frankreich« lesen, somit eine Identificierung Bonhominis mit dem damaligen franzős. Gesandten in den Bünden vorliegt. Der Irrthum geht übrigens auf Eichhorn, Ep. Cur. (p. 109) zurück.

des Churer Bischofstuhles ankam. Christian von Castelberg war es, den er als Nachfolger Beats ausersah.¹) Der Abt lehnte jedoch die angetragene Würde ab.²) Die Gründe hiefür mögen einerseits in den trüben Verhältnissen des Bisthums zu suchen sein; andererseits wird wohl die Liebe für sein Gotteshaus und die Anhänglichkeit an die engere Heimat und das Volk der Cadi ihn zu einer solchen Haltung entscheidend bestimmt haben.

Auf dem auf Martini angesetzten Bundestag zu Chur konnte der Nuntius ebenso wenig erreichen, wie auf dem früheren.³) In einem Schreiben vom 24. Oct. aus Innsbruck hatte er auch den Abt von Disentis oder einen Bevollmächtigten desselben auf jene Tage nach Chur beschieden.⁴) Christian von Castelberg scheint indes zur Zeit des Bundestages in Chur nicht anwesend gewesen zu sein;⁵) wahrscheinlich liess er durch seinen Bruder die Angelegenheit mit dem Nuntius besorgen.

Die Bischofswahl kam erst im Mai 1581 zu stande, wobei durch des Nuntius Bemühungen der Canoniker Peter Rascher als gewählter hervorging.⁶) Im Juni darauf verliess Bonhomini definitiv Graubünden und die Schweiz, und noch in demselben Jahre wurde ihm durch die Ernennung zum Nuntius in Deutschland vom Oberhaupte der Christenheit ein ausgedehnteres Arbeitsfeld angewiesen.

Doch bereits zwei Monate nach der Abreise des Nuntius hielt derjenige in das rätische Gebirgsland seinen Einzug, dessen

---

¹) Die im Februar 1579 zu Rom erfolgte Ernennung des Abtes Joachim von St. Gallen zum Coadjutor von Chur mit dem Rechte der Nachfolge (Theiner, Annales, III, 48) hatte keine thatsächlichen Folgen gehabt, indem Bonhomini sofort die Unmöglichkeit einsah, mit Uebergehung des betreffenden Verfassungsartikels einen Fremden als Bischof in Chur einzuführen. Und unter den Churer Canonikern scheint keiner für die bischöfliche Würde ganz tauglich, und die relativ tauglichsten dem Gotteshausbund nicht genehm gewesen zu sein.

²) Liberamente lo rifutò. Bericht über das Wirken Bonhominis im Veltlin und Graubünden vom Canoniker Modena, einem Begleiter und Vertrauten Bonhominis, enthalten in einem Briefe Modenas an den Cardinal Federigo Borromeo, datiert Vercelli, 28. Mai 1621. Bibl. Ambr. R. 122, fol. 5 sqq.

³) Die Angabe Colombos l. c. p. 579, wonach Bonhomini in den letzten Tagen des October 1580 nach Vercelli zurückgekehrt wäre, muss wohl unrichtig sein, da er am 26. Oct. noch in Innsbruck weilte (Colombo 578 f.), am 5. Nov. in Hohenems und am 7. in Chur sich befand.

⁴) Bei Decurtins, Bundi l. c., p. 560.

⁵) Dies geht hervor aus dem fortgesetzten brieflichen Verkehr des Nuntius mit dem Abte; vgl. Brief vom 22. Nov. 1580 aus Chur, bei Decurtius l. c., p. 561.

⁶) Die Persönlichkeit Raschers gefiel zwar dem Nuntius keineswegs — und die Folgezeit sollte erst nach dessen Erwartungen täuschen; — doch erschien ihm diese Wahl als »das kleinere Uebel«, da es immerhin besser sei, einen weniger tauglichen Bischof zu haben, als das Bisthum zu Grunde gehen zu lassen. Brief an den Cardinal di Como vom 6. Dec. 1580 aus Luzern (Arch. Vat. Nunz. Germ. 103, fol. 376; Copie im Bundesarchiv) und an Borromeo vom 3. Juni 1581 aus Chur (Colombo l. c., 580).

Sendbote Bonhomini gewesen: in den letzten Tagen des August 1581 beehrte Karl Borromeo Kloster und Gemeinde Disentis mit seinem Besuche.[1)]

Eine abermalige Visitation der Tessinischen Gegenden hatte im Sommer des genannten Jahres den Erzbischof wieder an den Fuss der Alpen geführt. Als Abt Castelberg davon Kunde erhielt, schickte er den Priester Jakob Nazaro[2)] nach Tessin, um jenen nach Disentis einzuladen. Nazaro traf in Giornico mit Borromeo zusammen. In herzlichen Worten legte er demselben die Bitte des Abtes vor und ertheilte ihm auf seine Anfragen genauen Aufschluss über die im Kloster verwahrten Heiligenreliquien, für welche der Cardinal bekanntlich besondere Verehrung hegte. Dieser gab zur Freude des Gesandten seine Zusage, bezeichnete aber den Tag der Ankunft nicht, offenbar um dadurch einem pomphaften Empfange zuvorzukommen.

Wenige Tage darauf unternahm Karl mit 10 Gefährten den langen und mühsamen Weg über den Lukmanier. Ganz spät kamen sie beim Hospiz St. Maria auf der Höhe des Berges an. Milch und Kastanien bildeten das Abendessen, das frisch gesammelte Heu das Nachtlager. Des andern Tags trafen die Pilger gegen 2 Uhr in Disentis ein.[3)] Der Abt hatte bei der

---

[1)] Ueber diese Reise des hl. Karl nach Disentis sind wir genau unterrichtet durch einen ausführlichen Bericht des Disentiser Pfarrers Giovanni Sacco, der als Zeitgenosse und Augenzeuge geschrieben. Der Bericht betitelt sich: Viaggio del B. Carlo Borromeo, Cardinale di Santa Prassede, Arcivescovo di Milano, fatto al Monastero di Tisitis, principal Communità delle ccœlse tre Leghe nell'anno 1581, und erschien 1605 zu Mailand im Druck. (8 Blätter in 8°). Die Schrift ist angeführt bei Motta und Tagliabue, Bibliografia Mesolcinese im Jahresbericht der hist.-antiq. Ges. von Graubünden 1895, p. 79. Das einzige bekannte Exemplar besitzt unseres Wissens die Bibl. Ambros. zu Mailand (in einem Sammelband von kleinen Schriften, der die Aufschrift trägt: Opuseuli storici e vita de S. Carlo Borromeo. G. D. II, 30). Sacco schrieb den Bericht im Auftrage des schon erwähnten Fornero und zwar bei Anlass des bereits eingeleiteten Heiligsprechungsprocesses des Cardinals von S. Prassede. Daher bemerkt auch der Autor in der Einleitung, er werde sich in allem der grössten Wahrheitstreue befleissen.

[2)] Dieser war schon von früher her dem hl. Karl bekannt. Er ist sehr wahrscheinlich identisch mit jenem »Mitbruder Jacobus«, den wir 10 Jahre früher, im Juni 1571, als Boten des Abtes an Borromeo getroffen haben. S. oben p. 85, Anm. 1.

[3)] Era tra le 19 et 20 hore, heisst es bei Sacco. In Italien pflegt man auf dem Lande noch jetzt die Stundenzählung mit dem Ave-Läuten am Abend zu beginnen. — Oltrocchi hat in seinen wertvollen Anmerkungen zur Vita S. Caroli von Giussano-Rubeus p. 587 den allerdings in diesem Punkte etwas unbestimmt sich ausdrückenden Sacco unrichtig aufgefasst, indem er berichtet, der hl. Karl sei sub meridiem auf St. Maria und gleichen Tages sub horam 20. sole ferventissimo, wie Sacco angibt, in Disentis angelangt. Schon die nähere Kenntnis der Oertlichkeit widerlegt diese Angabe, da die Strecke St. Maria—Disentis heute 4 Stunden beträgt, damals wegen des mühsamen Weges offenbar noch mehr. Oltrocchi folgt auch Saxius in seinem 1758 zu Augsburg erschienenem: De vita et gestis S. Caroli, I, 306, welch' letzterer in Bezug auf diesen Punkt bereits vom kritischen Mitarbeiter Van der Meers (Chron. Disert. 120) rectificiert wurde.

Nachricht ihrer Ankunft durch Glockengeläute das Volk der Umgebung gesammelt und war in feierlicher Procession den Kommenden entgegengezogen. Auf dem ebenen Felde unweit der Pfarrkirche erfolgte die Begegnung, und Sacco schildert in begeisterten Worten den Eindruck des Augenblicks.[1]) Der Ruf der Heiligkeit Karls war schon längst auch in die abgelegenen Winkel des rätischen Alpenlandes gedrungen. Der Anblick der ascetischen Gestalt des nunmehr persönlich gegenwärtigen Kirchenfürsten, dieser vollendeten Verkörperung der Demuth, Andacht und des feurigsten Glaubenseifers, konnte nicht verfehlen, auf das einsame Gebirgsvolk den tiefsten Eindruck auszuüben.[2])

Karl besuchte zuerst die Pfarrkirche; darauf wurde er feierlich zum Kloster begleitet.[3]) Hier erfolgte der officielle Empfang von seiten des Disentiser Magistrats. Hauptmann Paul Deflorin hiess in kurzer, gewandter Rede in des Abtes und des Hochgerichts Namen die erlauchte Gesellschaft willkommen. Dabei unterliess er nicht, der grossen Freude und Genugthuung des ganzen Volkes über den hohen Besuch Ausdruck zu geben. Die Nacht brachte der Cardinal zum grössten Theil betend in der Kirche zu.

Der folgende Tag sah, wie nicht anders zu erwarten, eine ungeheure Masse Volkes von nah und fern nach Disentis zusammenströmen, um „den Heiligen auf Erden" zu sehen, obschon es, wie Sacco beifügt, ein Werktag und die Zeit strenger Feldarbeit war. Borromeo hielt in der Klosterkirche das Hochamt. Beim folgenden Gastmahl, welches Hauptmann Sebastian von Castelberg auf Schloss Caschliun hatte bereiten lassen, erglänzte, nach dem Berichte unseres Gewährsmannes, mehr die Enthaltsamkeit des hohen Gastes, als der Aufwand des Spenders.

Borromeos Aufenthalt in Disentis dauerte nur kurze Zeit, wahrscheinlich 2 Tage, da er auf Maria Geburt wieder in Mailand sein musste. Um so angestrengter war dafür seine Thätigkeit. Er visitierte sorgfältig die Kirchen in Disentis und Umgegend, vor allem die Altäre und Kirchengeräthschaften. Vom Abte erbat er einige Reliquien der hl. Klostergründer und der hl. Emerita, welcher Bitte freudig entsprochen ward. Er zeichnete sich den

---

[1]) Ein Altarbild aus neuerer Zeit in der Pfarrkirche zu Disentis stellt diese Scene dar.

[2]) Egli si tirava adosso gl'occhi di tutti i circonstanti, i quali lo miravano come una cosa de Paradiso. Restando tutti stupiti a vedersi presente un Cardinale di Santa Chiesa, nepote di Papa, Arcivescovo d'una delle maggiori Chiese del mondo, tanto stimato e riverito da Regi e Principi, tenuto da tutto il mondo per huomo santo, e vederselo all'hora presente e mirarlo con gli occhi proprii nella loro patria e Chiesa, si lasciavano perciò trasportare come fuori di se per il gran contento, che tutti ne sentivano. Sacco l. c.

[3]) Sacco beschreibt einlässlich den Festzug.

Festtag (11. Juli, bezw. 4. Dec.) und nach dem Churer Brevier den Lebensabriss der genannten Heiligen auf. Den Armen gab er reichliche Almosen und liess unter das Volk „grani benedetti" (Rosenkränze?) austheilen, die nachmals als kostbare Andenken an den Heiligen hoch in Ehren gehalten wurden. In seinen Ansprachen drückte der Cardinal seine Zufriedenheit aus über die Glaubenstreue und den Glaubenseifer, den er hierorts gefunden; er knüpfte daran weitere Ermahnungen zur Standhaftigkeit in der Lehre der katholischen Kirche und zur Beobachtung der religiösen Pflichten.

Karl liess es jedoch nicht bei blossen Worten bewenden. Er gab Vincentio Albano, Propst von Brivio, der sich unter seiner Begleitung befand, den Auftrag, zwei Knaben, die zum Priesterthum Neigung hätten, zu prüfen. Donato Contio und Giovanni Sacco waren die glücklichen. Auf St. Gallus nächstkünftig sollten sie in Mailand sein, um sodann zur weiteren Ausbildung im Seminario di St. Maria di Celana im Thal St. Martin im Bergamaskischen untergebracht zu werden.¹) Die genannten sehen wir später als Pfarrer die Hauptorte der Cadi, Disentis und Truns, versehen. ²)

Einen dritten Knaben, der in Disentis vom Vater persönlich dem Cardinal vorgestellt und empfohlen worden, nahm dieser ins Collegium Helveticum auf.³) Andere fanden in der Folgezeit im Orphelinat zu St. Martin in Mailand und im Seminario della Madonna della Noce bei Incino⁴) Aufnahme. Sacco schreibt, der

---

¹) Das Empfehlungsschreiben des Abtes, datiert vom 13. Oct. dieses Jahres, findet sich in der Bibl. Ambr. F, 157, p. Inf. fol. 35. Bei diesem Anlass dankt Castelberg nochmals dem Cardinal für den Besuch und entschuldigt sich, dass man ihm nicht einen seiner würdigen Empfang habe bereiten können.

²) Giovanni Sacco ist eben derjenige, der 1605 als Pfarrer von Disentis die Reise des hl. Karl beschrieben hat. (Die Angabe bei Motta und Tagliabue, l. c., »che questo Sacco fu parroco a Soazza da S. Carlo nel 1583«, stimmt daher, wenigstens was die Zeit betrifft, kaum.) Sacco hatte bereits 1593 die Pfarrei Disentis inne, vermuthlich als Nachfolger des früher genannten Jakob Wezler. In diesem Jahre wurde ihm nämlich nach dem Hingang des Abtes Nicolaus Tyron durch die Disentiser Obrigkeit die Prälatenwürde im Kloster angeboten. Der in der strengen Schule des Mailänder Cardinals erzogene Cleriker lehnte jedoch die uncanonische Wahl ab, worauf der weniger scrupulöse Somvixer Pfarrer Jakob Bundi an die Spitze des Conventes berufen ward. Chorta Mem. l. c. p. 233. — Donato Contio ist ohne Zweifel identisch mit dem Trunser Pfarrer Donat de Cuoz, der im Jahre 1591 als Begleiter Bundis die Reise nach Jerusalem mitmachte (S. Bundi, Cudisch dil vladi da Jerusalem, herausg. von Decurtins im Arch. glott., VII, p. 158). Sacco nennt ihn in seiner Schrift, also im Jahre 1605, »Curato di Tornillo,« was trotz der etwas sonderbaren Form wohl auch Truns bedeuten soll.

³) Gegründet 1579 als »propugnaculum fidei« für die katholische Schweiz und Graubünden.

⁴) 1638 durch Cardinalerzbischof Cesare Monti nach Monza verlegt.

hl. Karl habe einzig aus der Gemeinde Disentis 6 Candidaten des Priesterthums auf seine Kosten heranbilden lassen, und Landrichter Gallus de Mont empfiehlt 1595 dem Cardinal Federigo Borromeo das Beispiel seines Vetters, des hl. Karl, zur Nachahmung, der auf seine Verwendung 6 Knaben in St. Martino aufgenommen habe.¹) Verschiedene in der Ambrosianischen Bibliothek noch vorhandene Begleitschreiben für diese jungen Mailänder Studenten geben uns über Zeit und Namen näheren Aufschluss.

Mit einer Empfehlung Bonbominis und Castelbergs versehen, reiste um Epiphanie 1581 ein Sebastian Arighet nach dem Collegium Helveticum ab.²) Unter dem Datum des 5. October 1582 wird ein Domenico, der verwaiste Sohn eines armen Zimmermanns, von Landrichter Seb. von Castelberg und dem Disentiser Magistrat an den Cardinal empfohlen.³) Gleichzeitig begibt sich der Bruder des Abtes, Hans von Castelberg, mit Empfehlung von seiten des Abtes und Landrichters, für Aufnahme ins Collegio de' Nobili auf den Weg nach Mailand.⁴) Jener wurde aufgenommen, dieser wieder nach Hause geschickt, da er mehr zum Soldaten als zum Priesterthum Neigung zeigte.⁵)

Das letzte bekannte Schreiben des Abtes Castelberg an den Cardinal von St. Prassede ist datiert vom 19. Juli 1583.⁶) Es ist eine Empfehlung für einen gewissen Christian. Dieser wird im Schreiben „hic noster novitius" genannt. Selbstverständlich lag es Castelberg daran, auch die Candidaten des Conventes zur Ausbildung nach dem Süden senden zu können.

So bewährte sich Borromeo gegenüber dem katholischen Rätien als Mann der That. Und wir wissen seine Bemühungen und Opfer gebürend zu würdigen, wenn wir bedenken, dass noch im Jahre 1584, wie aus einem Schreiben des Abtes Nicolaus

---

¹) Ed. Wymann, die Visitation des Collegium Helveticum am 13. März 1583, in: Kathol. Schweizer Blätter, 1896, p. 59.
²) S. Brief Bonbominis an Castelberg vom 22. Nov. 1580 (bei Decurtins, l. c. p. 561) und Begleitschreiben des Abtes vom 2. Jan. 1581. Bibl. Ambr. F, 154, p. inf. fol. 10. Im letzteren Schreiben wird der Knabe Sebastian de Bartholomey genannt, nach dem damals vielfach üblichen Gebrauch, den Namen des Vaters demjenigen des Sohnes als nähere Bezeichnung beizufügen. — Arighet ist wohl das später Curiget genannte, heute sehr verbreitete Oberländer Geschlecht.
³) Bibl. Ambr. F, 160, p. inf. fol. 185.
⁴) Ibid. fol. 184.
⁵) Ho ritenuto in Collegio Helvetico quel giovane ricomandato dal senato de Monastero (Mustér, Disentis); l'altro, ch' è fratello del Sor Abbate non voleva esser prete ne vestirsi da prete, ma stare in Collegio dei Nobili a spese de V. S. Ill.ma, et haveva una spada grand come soldato, et pare, che haveva 22 anni, è ritornato a casa sua, finchè V. S. Ill.ma lo chiamarà. Aus dem Bericht des Generalvicars Lodovico Audoeno an den damals in Rom sich aufhaltenden Borromeo, datiert Mailand 28. Oct. 1582. Bibl. Ambr. F, 160, p. inf. fol. 224. Ueber Hans von Castelberg vgl. oben p. 75.
⁶) Bibl. Ambr. F, 175, p. inf. Lett. 58, fol. 110.

Tyron und des Disentiser Senats an den Cardinal Madruzzo hervorgeht, unter nahezu 30.000 katholischen Rätoromanen nur 7 der Landessprache kundige Priester vorhanden waren.¹)

Der Mangel an würdigen einheimischen Priestern — in den Briefen des Abtes immer und immer betont — sowie die Armut der Beneficien, diese zwei Haupthindernisse für die Durchführung einer wirksamen Reform in Rätien,²) hatten nothwendig noch andere Missbräuche im Gefolge. Die von Borromeo ungern gesehene Sitte des Binierens war in Rätien sehr in Uebung und konnte nicht auf einmal beseitigt werden.³) Ebenso stiess die Bestimmung des Tridentinum, welche für die Priesterweihe das erfüllte 24. Jahr fordert, hierorts auf Widerstand. Als Bonhomini bei seinem Besuch in Disentis den bereits zum Priester geweihten P. Benedictus wegen zu jungen Alters von der Ausübung der priesterlichen Functionen suspendierte, nahm die Gemeinde ein solches Aergernis daran, dass der Abt, um die Gefahr eines Tumultes abzuwenden, es für gut fand, behufs Dispens sofort an den nach Luzern abgereisten Nuntius zu schreiben. Dieser antwortete, es liege nicht in seiner Gewalt, die gewünschte Dispens zu ertheilen, doch wolle er sich darum beim Papste verwenden, was in der That auch geschah.⁴)

Bei seinem Abschied von Disentis hatte Borromeo versprochen, sobald es die Verhältnisse erlauben würden, wieder kommen zu wollen. Der Abt wiederholt die Einladung in dem genannten Schreiben vom 5. October 1582, als es hiess, jener werde zur Weihe einer Kirche des Grafen Hannibal v. Hohenems, seines Schwagers, sich nach Feldkirch verfügen. Doch kam es

---

¹) Eichhorn, 257. Auch scheint die früher erwähnte Verordnung des Bischofs a Porta vom Jahre 1570, die Sitten der Geistlichkeit betreffend, wenig Erfolg gehabt zu haben. Denn am 29. Juli 1580 schreibt Bonhomini aus Altdorf an Castelberg: Iisce adiunctum etiam accipiet praeceptum quattuor illis sacerdotibus concubinariis tradendum, quod quidem Tua Dominatio singulis tradi curabit, eosque ut omnino concubinas praestituto eis tempore eiieiant omni ratione compellet. Bundi, Beil. VIII, l. c. 559.

²) Volpe, Bischof von Como und früherer Nuntius in der Schweiz, schrieb an Borromeo: Ho messo in pratica molti decreti del Concilio, ma nelle parte della diocesi sottoposta alli Svizzeri e Grigioni ho poca speranza di far bene; nel resto la penuria e meschinità dei benefici mi tiene in gran difficoltà. Cantù, Dioc. di Como, II, 142.

³) In einem Schreiben Bonhominis an den hl. Karl vom März 1579 heisst es: m'è parso di farle sapere, che cio fare (nämlich das Verbot des binaggio) al presente in quelle parti soggette alli Svizzeri et ai Grigioni, è come impossibile, senza manifesto pericolo, che molte miglaia di persone restino senza messe le feste. Colombo, l. c. p. 569.

⁴) Erwähnter Brief an den Cardinal di Como, datiert Luzern, 1. Aug. 1580, und Brief an Castelberg vom 2. Aug. aus Luzern und vom 24. Oct. 1580 aus Innsbruck. Bundi, Beil. VIII, l. c. p. 560. — Nach der Synopsis (p. 134) zählte auch Abt Bundi bei seiner Primiz 1584 blos 19 Jahre.

nicht dazu. In jenen Jahren nahmen die Angelegenheiten des Misox und des Veltlins die Thätigkeit des Cardinals zu sehr in Anspruch, und bereits das Jahr 1584 sollte für beide Prälaten das letzte ihres Lebens sein. Erschöpft unter der Last der Anstrengungen starb Abt Castelberg am 22. Februar 1584 im Alter von etwa 52 Jahren. Einige Monate später folgte ihm sein Freund und Gönner, der hl. Karl im Tode nach.

Christian von Castelberg ist ohne Zweifel neben Theodor Schlegel die erhabenste Gestalt unter den Vorkämpfern des alten Glaubens in Rätien während des 16. Jahrhunderts. Er hat die Gegenreformations-Idee mit vollem Ernste erfasst und dieselbe auf einem, wenn auch verhältnismässig eng begrenzten Gebiete, mit Erfolg durchgeführt. Auch den unscheinbareren Handlungen des Abtes liegt diese Idee als leitender Gesichtspunkt zu Grunde. Bei seinen Bestrebungen für Hebung des äusseren Gottesdienstes, für Kirchenmusik und eine schöne Ausstattung der Gotteshäuser durch Gemälde und Decorationen lässt sich ebensowenig der Einfluss des Tridentinum verkennen,[1]) als dies andererseits für des Abtes Kunstsinn Zeugniss ablegt. Der lebendigste Contact verband Castelberg mit den grossen Vertretern der Gegenreformation jenseits der Alpen. Borromeo und Bonhomini kamen auf seine Veranlassung hin nach der Surselva. Ihn selbst treffen wir im Jubiläumsjahre 1575 zu Rom, im Centrum der Kirche Kraft und Begeisterung schöpfend für das erhabene Werk der katholischen Reform.[2]) Castelberg wurde in allem der Borromeo Rätiens.[3])

Seinem adeligen Stande verdankte Castelberg verwandtschaftliche oder sonst enge Beziehungen zu den meisten Landrichterfamilien des oberen Bundes. Der eigene Bruder bekleidete ja dreimal jene Würde. Daraus erwuchs dem Abte ein nicht zu unterschätzender Vortheil. Gerade die kräftige Mitwirkung der weltlichen Behörde kam seinen Bestrebungen ebenso sehr zu statten, als die immerwährenden Zerwürfnisse zwischen dem Bisthum und dem Gotteshausbund jede regeneratorische Thätigkeit des Bischofs unmöglich machten.

---

[1]) Vgl. die Bestimmungen der Sessio 21. de Reform. cap. 7; Sessio 22. de Sacr. Missae, cap. 9.

[2]) Castelbergs Romreise ist uns bekannt durch das Empfehlungsschreiben (datiert 13. März 1575) an Mgr. Spetiano, Secretär der Congregation der Bischöfe, welches Borromeo ihm auf den Weg mitgab. Es heisst darin: ho voluto accompagnarlo di questa mia per dirvi, che mi sarà caro, che, s'egli ve ne ricercarà, gli facciate tener compagnia da qualche buon sacerdote costì, che lo guidi per quei luoghi et devotioni sante di Roma, poichè egli vien per questo effetto, et è al tutto inesperto dele parti di là, come potrete vedere. Bibl. Ambros. Minute di S. Carlo 1575/76.

[3]) Dieses Ausdruckes Kinds (Die Reformation in den Bisthümern Chur und Como, 1858, pg. 174) bediene ich mich gern, wie wenig ich im übrigen damit die gleichen Vorstellungen verbinden kann.

Christian von Castelberg war im besten Sinne des Wortes ein Mann des Volkes. Er genoss Achtung und Ansehen, war beliebt und verehrt bei Hoch und Niedrig.[1] Nach der Darstellung des Chronisten war seine äussere Gestalt imponierend. Er redete gut und besass das Talent, alle für sich zu gewinnen. Seine Herzensgüte und Herablassung zog jedermann an. Trotz der nicht glänzenden finanziellen Lage des Stiftes erwies sich Castelberg auch als werkthätiger Unterstützer der Armen. Er verordnete, dass jeweilen am Montag und Mittwoch Brod, am Samstag auch Milch unter dieselben vertheilt werde. Alljährlich wurde für die Armen eine Kuh geschlachtet, und ein Stück sogenannten Nördlinger Tuches angekauft.[2] Alles andere überragen bei weitem des Abtes Verdienste für die Erhaltung des katholischen Glaubens in der Surselva. Es war keine blosse Phrase, als der Abt Placidus Raimann von Einsiedeln bei seiner Anwesenheit zu Disentis im Jahre 1650, anlässlich eines zwischen dem Kloster und dem Hochgericht waltenden Streites, das letztere daran erinnerte, es sei ein Abt, Christian von Castelberg, dem das Oberland das grösste Gut, die Religion der Väter verdanke.[3] Freilich hinderte der allzufrühe Hingang des Prälaten die Ausführung von manchem, was er erstrebt. Insbesondere war es ihm nicht vergönnt, die Errichtung einer Schule im Kloster, als Gegenstück zu der bereits seit Decennien existierenden Lateinschule in Chur,[4] einen Gedanken, der ihn zeitlebens beseelt und bei den Besprechungen mit Borromeo und Bonhomini lebhaft erörtert worden,[5] verwirklicht zu sehen. Auch das Recht der Abtswahl befand sich bei seinem Tode noch immer in den Händen des Hochgerichtes. Die Quellen enthalten übrigens keine Andeutung darüber, ob und inwiefern Castelberg in dieser Hinsicht vorzugehen versucht hat. Jene zwei Titel muss ihm aber die Geschichte trotzdem voll und ganz zuerkennen, den eines Restaurators des Klosters Disentis

---

[1] Persona di authorità nennt ihn Borromeo in seinem Bericht. Authoritas hisce in partibus non mediocris wird ihm von Bonhomini zuerkannt im Schreiben vom 5. Juli 1580 (Bundi, Beil. VIII, l. c. p. 558). Vgl. auch die Worte des zeitgenössischen Ardüser, der zum Jahre 1582 schreibt: »Das Closter zue Disentis ist in grossem Ansechen, hat einn gefürsteten Apt.« Chronik, p. 73.
[2] Syn. 129; Van der Meer 129; Eichhorn 256.
[3] Staatsarchiv Luzern, Bündner Acten, Fasc. 13.
[4] »Accio non vadino alle scuole de' Predicanti apostati, da i quali sono sforzuti di andare talvolta, per imparare, non havendo in quelle parti maestri catholici«, heisst es in einem Ricordo der kathol. Veltliner an Borromeo, bei Anlass, dass sie demselben auch »la parte de' Grigioni oltra i monti« bei der Besetzung des Collegium Helveticum zu geneigter Berücksichtigung empfehlen. Brief Borromeos an Bonhomini in Rom vom 5. Mai 1580 im erwähnten Bericht Modenas. Bibl. Ambr. R. 122, fol. 5. sqq.
[5] Vgl. Brief Bonhominis an Castelberg vom 24. Oct. 1580. Bundi, Beil. VIII. l. c. p. 560.

und den eines Vorkämpfers der Gegenreformation im Bündner Oberland.

VIII. Capitel.
Rück- und Ausblick.

Das 16. Jahrhundert Disentiser Klostergeschichte entrollt uns ein nicht unwesentliches Stück rätischer Geschichte. Im Hochgericht Disentis sahen wir beim ausgehenden Mittelalter den Mittelpunkt, um den sich in kräftigen Anfängen der rätische Freistaat entwickelt. Mit zielbewusster Energie führten die Männer am Badus den Kampf um ihre Selbstständigkeit. Bei Beginn des 16. Jahrhunderts war denn die Stellung des Disentiser Prälaten als Dynasten so erschüttert, dass es wohl auch bei einer günstigeren Lage des Stiftes kaum gelungen wäre, dieselbe weiter zur Geltung zu bringen. Es versuchte dies auch keiner der Aebte des 16. Jahrhunderts, und als am Anfange des 17. der weltgewandte Sebastian von Castelberg als Feudal- und Kriegsherr wieder auftreten wollte, war es der Nuntius selbst, der in richtiger Würdigung der Zeitverhältnisse diesen dem Jörg Jenatsch vielfach congenialen Mann absetzte.

Das Kloster Disentis war der berufenste Gegner der neuen Lehre. Sein Widerstand dagegen wäre auch ungleich bedeutender und wirksamer geworden, wenn es dem Zusammenwirken verschiedener Momente nicht gelungen wäre, dasselbe gerade zur Zeit, wo eine energische Kraftentfaltung Not gethan, gleich wie das Bisthum Chur, ohnmächtig zu machen. Die rätische Reformationsgeschichte bietet im kleinen das gleiche Bild dar, welches im grossen in der allgemeinen Reformationsgeschichte uns entgegentritt. Der oft vielfältig verschlungene Conflict zwischen politischen, socialen und religiösen Bestrebungen gestaltete sich dort wie hier für die Neuerung zum wirksamsten Förderungsmittel.

Die „intrudierten" Aebte waren bis auf Christian von Castelberg der Aufgabe im religiösen Kampf weder bewusst noch gewachsen. Während die Träger der Reformation im Engadin die eben geborene romanische Literatur zu einer Waffe im Glaubenskampfe schmiedeten, die Uebersetzung der Bibel, der Psalmen, die Abfassung von Erbauungs- und polemischen Schriften und biblischen Dramen in der Muttersprache wie nichts anderes dazu beitrug, die neue Lehre zu verbreiten, konnte auf diesem Gebiete von seiten des Klosters Disentis leider gar nichts geschehen. Die regenerierende Wirksamkeit Castelbergs fand seit 1621 in der rätischen Kapuziner Mission segensreiche Fortsetzung.

Das Eingreifen des Hochgerichts in die Abtwahl nach dem Uebertritt Winklers bloss auf Beweggründe des Egoismus und der Herrschsucht zurückführen zu wollen, wie Stöcklin und nach ihm die „Cuorta mo fideivla Informaziun"[1]) gethan, genügt nicht, um diesen Vorgang zu erklären. Vielmehr haben hier die gleichen Motive bestimmend eingewirkt, welche auch anderswo, in den katholischen Orten und im Reiche draussen, die Laien bewogen, mit starker Hand in die religiöse Bewegung einzugreifen, als der verweltlichte Clerus wankte oder gar die Fahne des angestammten Glaubens verliess. Nicht mit Unrecht konnte die Obrigkeit des Hochgerichts später gegenüber Abt Augustin Stöcklin darauf hinweisen, dass ohne ihre Intervention Disentis wohl das Schicksal der anderen Klöster in Rätien getheilt haben würde. Denken wir nur an die Vorgänge des Jahres 1536. Wie wenig man übrigens im 16. Jahrhundert durch die Vormundschaft über das Stift sich eines Unrechtes bewusst war, zeigt die Entsendung des Landrichters Johann Deflorin an das Concil von Trient, welcher, einer der überzeugtesten Anhänger des alten Glaubens, zugleich Kastvogt des Klosters war.

Dass das Hochgericht auch nach der Restauration des Stiftes am Recht der Abtswahl zäh festhielt, hat einen politischen Hintergrund. Das Kloster galt im 16. Jahrhundert noch als eminent politisches Institut. Als Inhaber des grössten Grundbesitzes und Träger der staatlichen Autorität sollte es das Land beherrschen und demselben zugleich dienen; es sollte auf den Schutz des Hochgerichtes ein Anrecht haben, wogegen letzteres dafür sorgen zu müssen glaubte, dass das Eigen desselben seines öffentlich-rechtlichen Charakters nicht verlustig gehe. Diese Auffassung fand in dem urdemokratischen Lande den schroffsten Ausdruck in der Ausübung der Abtswahl.[2])

Noch ein Moment ist dabei nicht zu übersehen. Von den Aebten des Mittelalters gehörten viele fremden Dynastenfamilien an. Daraus konnten sich Misstände ergeben. Die Bestimmung des Ilanzer Artikelbriefes, dass nur ein Bündner zum Bischof wählbar sei, erklärt sich aus der Denkweise des rätischen Volkes. Auch betreffs Disentis herrschte die gleiche Auffassung vor. Die von den Laien eingesetzten Aebte waren denn in der That, wenn wir von dem unbedeutenden Feurer absehen, sämmtlich Landeskinder.

Castelbergs Nachfolger, Abt Nikolaus Tyron (Tiraun), 1584—93, Bürger und bisheriger Pfarrer von Truns, arbeitete

---

[1]) S. oben p. 5.

[2]) Aehnliche Zustände finden wir, 100 Jahre früher, beim Stifte Engelberg in seinen Beziehungen zu den Schirmorten. Vgl. P. Adalbert Vogel, im Geschichtsfreund, Bd. 30, p. 7. ff. und P. Hieronymus Mayer, das Benedictinerstift Engelberg, Beilage zum Jahresber. von 1890/91, p. 26 ff. — Es fiel auch Christian von Castelberg die gleiche Aufgabe zu, wie dem Engelberger Abte Barnabas Bürki (1505—46); letzterer konnte freilich infolge seiner mehr denn doppelt so langen Regierung dieselbe in vollständigerem Masse lösen.

in des Vorgängers Sinn und Geist fort, wenn er auch an dessen Bedeutung nicht hinanreichte. Als in den Jahren 1584 und 1585 im Oberland die Pest wüthete — noch heute unter dem Namen der „moria gronda" beim Volke in lebendiger Erinnerung — bewährten sich die Mönche von Disentis als echte Söhne des hl. Benedict und würdige Schüler des hochherzigen Prälaten Castelberg. In das Jahr 1585 oder 1586 fällt auch die Errichtung der lang geplanten Klosterschule. Auf Verwenden des Cardinals Madruzzo, Protector Deutschlands, liess der Cardinal von Alexandrien, Michael Bonelli, zu diesem Zwecke jährlich 600 Goldgulden der Disentiser Obrigkeit zukommen. Leider hatte die Schöpfung keinen langen Bestand. Der Tod des liebenswürdigen Gönners (1595) und der Umstand, dass die Gelder nicht immer zur wahren Bestimmung gelangten, führten schon gegen Ausgang des Jahrhunderts deren Auflösung herbei.[1]) Unter Augustin Stöcklin (1634—41) blühte die Schule wieder auf.

Abt Jakob Bundi, der Klosterchronist (1593—1614), bewährte sich als vortrefflicher Oekonom. Er tilgte alle Schulden und hob das Vermögen des Stiftes, so dass die finanzielle Lage desselben zu Beginn des 17. Jahrhunderts eine gute war.

Die Jahre der „Bündner Wirren" gingen auch für Disentis nicht spurlos vorüber, zumal Abt Sebastian von Castelberg (1614—34) sich mit Wucht in das politische Getriebe hineinwarf. Er ist der letzte der von der weltlichen Obrigkeit eingesetzten Aebte. Im Jahre 1623 gelang es dem Nuntius Scapi, das Hochgericht zur Verzichtleistung auf das hundert Jahre ausgeübte Recht zu bewegen. Einige Jahre früher, 1617, war Disentis der neugegründeten Schweizerischen Benedictiner-Congregation beigetreten. Damit war auch die Stütze geschaffen, welche den Bestand Desertinas durch gute und böse Zeiten bis auf den heutigen Tag gesichert hat.

---

[1]) Es liegt ausser dem Bereich dieser Aufgabe, auf diese Anfänge der Disentiser Klosterschule näher einzugehen. Wir sind darüber ziemlich genau informiert durch einen, auf mündlichen Mittheilungen des Pfarrers Johannes Sacco beruhenden Bericht aus dem Jahre 1595, betitelt: Status Collegii Disertinensis, Tisitis in Helvetia. Im Archivio arcivescovile, Milano, Sez. XI, vol. E, lib. 21, n. 11. Dazu sind zu vergleichen die von Decurtins publicierten Briefe, Bundi, Beil. IX. l. c. p. 562 ff.

Inhaltsverzeichnis.

Seite.

Vorwort V
Einleitung
  1. Allgemeine Orientierung 1
  2. Die Quellen zur Geschichte des Klosters Disentis . . . 4

I. Capitel.
Ueberblick über die Geschichte des Klosters Disentis im Mittelalter 17
Anfänge des Klosters. — Aufschwung desselben infolge von Schenkungen und durch die Gunst der deutschen Könige und Kaiser, insbesondere der Ottonen. — Freie Abtwahl. — (Vorübergehendes Abhängigkeitsverhältnis zu Brixen.) — Immunität, Reichsunmittelbarkeit, Reichsfürstenstand. — Die Klostervögte von Sax und (seit 1247) von Werdenberg-Heiligenberg. — Uebergriffe in das Rechtsgebiet der Abtei. — Emporstreben der rätischen Gemeinden. — Wirren und Kämpfe im Urserenthal in der Periode Ludwigs des Bayern. — Die Pest 1348; Brand des Klosters 1387. — Abt Johannes IV. Zanus: Bündnisse; Beseitigung der Klostervogtei (1401). — Verhältnis zwischen Kloster und Gotteshausleuten. — Abt Peter von Pontaningen; der graue Bund. — Pontaningens Nachfolger befolgten dessen Politik. — Schwabenkrieg.

II. Capitel.
Zustand des Klosters bei Beginn des 16. Jahrhunderts. . . 25
Politische Stellung des Klosters innerhalb der drei Bünde und nach aussen: zu Frankreich, dem Reiche und dem päpstlichen Stuhl. — Bestand des Couvents. — Inneres Leben. — Besitzstand des Stiftes: Grundbesitz; Klostergebäude; feudale Rechte und Einkünfte; Collaturrechte; Ankauf von St. Jörgenberg (1472). — Verhältnis des Stiftes zu Urseren: Vergleich von 1484. — Verhältnis zwischen dem Stift und dem Hochgericht Disentis: Conventionen von 1472 und 1477.

III. Capitel.
Abt Andreas de Falera, 1512—1528. 38
Wahlcapitulation. — Wahlact. — Des Abtes Sorge für die Oekonomie. Brand des Klosters 1514. — Bestätigung der Rechte und Privilegien des Stiftes durch Kaiser Maximilian, 1514. — Erneute Forderungen des Hochgerichtes; Convention von 1517; Einsetzung eines Kastvogtes. — Anfänge der Reformation und religiös-sittliche Zustände in Bünden. — Abt Schlegel von St. Luzi und Abt de Falera treten mit Einsicht und Kraft gegen die Neuerung auf; Bischof Ziegler. — Ilanzer Disputation. — Ilanzer Artikel von 1526. — Uebertritt von Waltensburg.

IV. Capitel.
Abt Martin II. Winkler, 1528—1536. 51
Der Tod de Falera's und Schlegels ein unersätzlicher Verlust für die Altgläubigen. — Oekonomischer und disciplinärer Verfall im Kloster. — Abfall Winklers und dreier Conventualen. — Eingreifen des Hochgerichts; Beziehungen desselben zu den Waldstätten; Vormundschaft über das Stift.

V. Capitel.
Abt Jodokus Kreyer, 1536—1537. 57
Beendigung des »Landrichterstreites.« — Früher Tod.

VI. Capitel.
Die vom Hochgericht eingesetzten Aebte Leonhard Feurer,
Paul Nikolai und Lucius Anrich, 1538—1566.
1. Abt Leonhard Feurer, 1538. 58
Precäre Lage des Abtes; Abdankung desselben. — Die Stellung von Brigels.
2. Abt Paul Nikolai, 1538—1551. 60
Der Abt guten Willens. — Die Beziehungen von St. Jörgenberg zu
Disentis. — Veräusserung von Gütern. — Abschaffung des Hofmeister-
amtes. — Reichs- und Türkensteuer.
3. Abt Lucius Anrich, 1551—1566. 68
Höchste Demüthigung des Stiftes. — Wiederherstellung des Hofmeister-
amtes. — Controversen mit den Gotteshausleuten und Nachbaren. —
Concil von Trient; ablehnende Haltung des Bundestags; Kloster und
Hochgericht Disentis senden den Landrichter Deflorin an das Concil. —
Neuwahl.

VII. Capitel.
Abt Christian von Castelberg 1566—1584.
1. Die Familie von Castelberg. Vorleben des Abtes. . . . 74
Ursprünglicher Sitz des Geschlechtes. — Ilanzer und Disentiser Linie.
— Jugendzeit Christians; Priesterweihe; der Pfarrer von Tavetsch.
2. Der Restaurator des Klosters und Gegenreformator in
der Surselva. 76
Innere Reorganisation des Klosters; Aufnahme von Novizen. — Fortschritte der Reformation in den voraufgehenden Decennien. — Das Jahr
1570: Abtsweihe; Beginn der Correspondenz und zweimalige Zusammenkunft mit Karl Borromeo. — Bestätigung der Rechte und Privilegien
des Stiftes durch Maximilian II., 1571. — Sittlich-religiöse Zustände. —
Thätigkeit Castelbergs zur Aufrechterhaltung des alten Glaubens; Errichtung und Renovation der gottesdienstlichen Stätten.
3. Castelberg als Verwalter. Des Abtes politische Stellung. 87
Sorge für die Oekonomie. — Der Abt nimmt einen Antheil des Vermögens
des aufgehobenen Stiftes Kazis an behufs Errichtung einer Schule im
Kloster. — Verkauf der Alp St. Maria. — Das Münzregal. — Politische
Haltung des Abtes. — Hauptmann Seb. von Castelberg.
4. Des Abtes Christian letzte Regierungsjahre. Bonhomini
und Borromeo in Disentis. 95
Missliche Lage des Churer Bisthums. — Bonhomini als Nuntius und
Visitator im Gebiete der katholischen Orte und der Bisthümer Chur und
Sitten. — Bonhomini in Disentis. — Der Nuntius trägt Castelberg die
bischöfliche Würde in Chur an; dieser lehnt ab. — Wahl Luschers. —
Abreise des Nuntius. — Pilgerreise des hl. Karl nach Disentis, 1581. —
Aufnahme und Ausbildung von romanischen Priesterthumscandidaten in
den Schulen des Cardinals. — Tod Borromeos und Castelbergs. —
Bedeutung dieses Abtes.

VIII. Capitel.
Rück- und Ausblick. 106
Bedeutung des Hochgerichtes Disentis als Centrum der Selbständigkeits-
bestrebungen in Rätien im späteren Mittelalter. — Das Kloster Disentis der
berufenste Gegner der neuen Lehre; sein Widerstand dagegen gehemmt.
— Die »intrudierten« Aebte. — Beweggründe des Eingreifens des Hochgerichts
in die Abtswahl. — Castelbergs nächste Nachfolger; Gründung der
Lateinschule unter Abt Tyron; Hebung der Oekonomie unter Abt Bundi;
Verzichtleistung von seiten des Hochgerichts auf die Abtswahl unter dem
kriegerischen Seb. von Castelberg; Beitritt von Disentis zur Schweiz.
Benedictiner-Congregation 1617.

Berichtigungen und Zusätze.

Seite 15 Zeile 12 von oben: in der Einleitung, statt: im Vorwort
» 15 » 4 » unten: unersetzlich » unersätzlich
» 24 » 12 » » St. Michael » Michael
» 60 „ 21 » oben: bis zur neuen politischen Eintheilung von 1851.
» 68 » 13 » unten: Eingriffen statt: Einneugriffen
» 68 » 12 » » neugläubig » gläubig
» 73 » 19 » oben: Lussi's » Lutssi's
» 80 » 14 » unten: 1570 » 1870
» 107 Anm. 1. p. 11 » p. 5.

Zu Seite 39 Anm. 4: Nach einer Aufzeichnung im Pfarrarchiv Ems war Ulrich Willi von 1492 bis 1506 Pfarrer zu Valendas und von 1506 bis zu seinem Tode 1510 Decan in Disentis.

Zu Seite 60 Anm. 2: Die Urkunde nebst Commentar wurde kürzlich durch Prof. Muoth im Anzeiger für Schweiz. Geschichte Nr. 1 und 2, 1890, p. 140 ff. veröffentlicht.

Zu Seite 67: Mit den bezüglichen Bestimmungen von 1548 möge man vergleichen die Anschläge des Wormser Reichstages von 1521 betreffend Romzugshilfe (zu Ross und zu Fuss) und Unterhaltung von Regiment und Kammergericht (Geldbeitrag):

	zu Ross	zu Fuss	fl.
Disentis	1	10	00
Pfäfers	1	4	60
Einsiedeln	3	22	120
Abt von St. Gallen	0	30	120
Abt zu Stein a. Rh.	—	10	70
Abt von Schaffhausen	4	18	120
Bischof von Chur	5	18	60
Bischof von Genf	3	13	60 etc.

Die Auflagen für Unterhaltung von Regiment und Kammergericht waren somit 1548 gerade um die Hälfte kleiner als 152¹. Deutsche Reichstagsacten unter Kaiser Karl V., II. Bd. bearb. von Adolf Wrede (1890), p. 427 ff.

Zu Seite 73: Aus einem Briefe Lussi's vom 18. Aug. 1562 (im Archiv zu Einsiedeln) geht hervor, dass der Ritter Ruginelli von Bellinzona im März 1562 nach Bünden kam, um die Bündner abermals zum Concil einzuladen, und dass darauf im Namen der Katholiken des oberen Bundes Ammann Florin und Hauptmann Camill im Sommer 1562 nach Trient reisten, nach einigen Wochen aber, im August, mit dem genannten Ruginelli Trient wieder verliessen. (Gütige Mittheilung von Herrn Prof. Mayer in Chur.) — Die Synopsis setzt somit den Aufenthalt Deflorins in Trient um 4 Monate zu früh an.

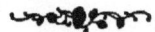

www.ingramcontent.com/pod-product-compliance
Lightning Source LLC
Chambersburg PA
CBHW031401160426
43196CB00007B/854